一番わかりやすい

あみぐるみ の 教科書

かわいくて運がよくなる
モチーフがいっぱい

いちかわ
みゆき

講談社

Contents

かぎ針の持ち方　輪のつくり目　◎くさり編み　×こま編み

輪の引きしぼり　●引き抜き編み　Ⅴこま編みの増目

∧こま編みの減目　くさり止め　ぬいしぼり　糸始末

×すじ編み　くさりのつくり目　┳中長編み　┬長編み　Ⅴ長編みの増目

こま編みの合わせ編み　チェーンつなぎ

ぬいはじめの処理　フライステッチ

糸の2本どり　飛ばし目の減目　輪のつくり目に中長編みを編みつける

Ⅴ中長編みの増目

この本の使い方

1

初めてあみぐるみに挑戦する人は最初の小鳥（P8）から順番に作品をつくって
いけば、基本的な知識が習得できます！

2

編み図が読めなくても、❶「つくり方」と詳細な❷「手順解説ページ」を読めば
作品がつくれます！

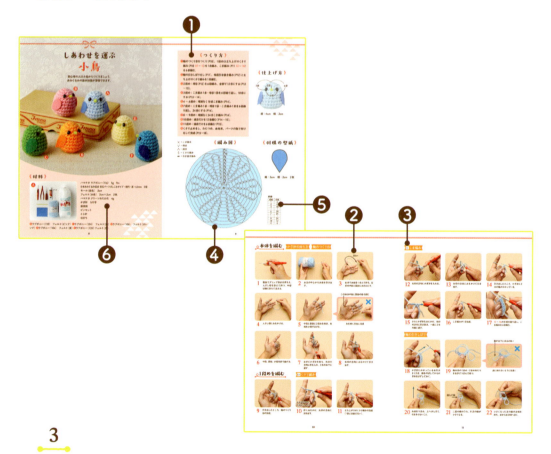

3

編み方の技術には❸「編み図記号」が書いてあります。❶「つくり方」を読みながら、
編み図記号と照らし合わせていけば、❹「編み図」も読めるようになります。
本書では、初心者にも理解しやすい形式の❺「段数目数表」を採用しています。

4

❻「材料」の糸の種類と編み針の号数を変えれば、
同じ編み図でサイズ違いのものがつくれます。

あみぐるみの基礎知識

1 糸について

あみぐるみで使用する主な糸についての説明です。

糸の種類

アクリル糸	ウール糸	ウールアクリル混糸	コットン糸	レース糸

撚りがしっかりしている初心者向きの扱いやすい化学繊維。はっきりとした染色が特徴。

ふんわりと空気を含んだ撚りの動物繊維。やわらかいあみぐるみ向き。

やわらかさと発色を兼ね備えた羊毛とアクリルの混紡糸。

伸びがなく強い撚りの天然繊維。カッチリとしたあみぐるみ向き。

ツヤと強度があるのでストラップなどの小物向き。

糸の太さ

糸には太さに応じたよび方があります。

極細 (ごくぼそ)	合細 (あいぼそ)	中細 (ちゅうぼそ)	合太 (あいぶと)	並太 (なみぶと)	極太 (ごくぶと)	超極太 (ちょうごくぶと)

2 毛糸ラベルの読み方

ラベルの記載内容を確認して毛糸を買いましょう。

アクリル100%	……… 糸の素材
色番号・ロット番号	……… 糸の色と染色釜
40g（糸長約70m）	……… 1玉あたりの重さと長さ
	……… 洗濯表記 （詳しい説明は消費者庁HP）
かぎ針　5/0号 棒針　　7〜8号	……… この糸に適する 標準的な編み針の号数
かぎ針（長編み）16目・7段 棒針　15〜16目・22〜23段	……… 標準ゲージ

＊毛糸ラベルに表記されているかぎ針号数とゲージは衣類を編む時の参考数値になっていますので、あみぐるみの場合はこれに準じるとは限りません。

＊コットン、アクリル、レースなどしっかりとした撚りの糸はラベル表記の号数のかぎ針を使用します。

3 かぎ針と糸の太さについて

かぎ針と糸の太さの関係について知っておきましょう。

実物大	号数	mm
	2/0	2.0mm
	3/0	2.3mm
	4/0	2.5mm
	5/0	3.0mm
	6/0	3.5mm
	7/0	4.0mm
	8/0	5.0mm
	9/0	5.5mm
	10/0	6.0mm

伸縮性のある毛糸、毛足が長く芯糸が細いファーなどの場合は糸の太さに合うフックのかぎ針を選択します。

○ かぎ先の大きさと糸の太さが合う号数を選びます。

× 伸縮性のある糸は強く引くと糸が細くなります。かぎ先があまっていると編み地にすき間があきます。

○ かぎ針の号数を少し下げて、糸の太さに合わせます。

4 編み地の表と裏

表目	裏目

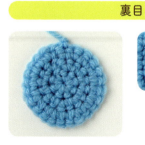

一般的には表目が外側になるよう使用します。段と段の間のくぼみを目立たせたくない時や、毛足の長い糸の場合は裏目を外側にして使用しても良いです。

5 主な材料と道具

あみぐるみをはじめる前にそろえておきましょう。

①かぎ針

詳細はP6を参照。

②毛糸

詳細はP5を参照。

③手芸わた

手芸用に特化されたポリエステル製のつめ物です。本誌では「ハマナカクリーンわたわた」を使用。

④ピンセット

わたを入れる際に使用します。プラスチック製で、先端がギザギザしているタイプがオススメ。

⑤とじ針

毛糸用の針で、針先が丸く針穴も大きい。最後の糸始末や、パーツのつなぎ合わせ、刺しゅうをする際に使用します。

⑥目打ち

編み地やフェルトのパーツつけ位置に下穴をあける際に使用します。

⑦接着剤

パーツをつける際に使用。プラスチックやフェルトにも使え、粘度のある多用途のものが毛糸に向いています。

⑧フェルト

型紙に合わせて切り、顔や胴体などの装飾として使用します。

⑨ステッチマーカー

編み目に印をつける際に使用します。毎段引き抜き編みの目につけておきます（P13 40 参照）。

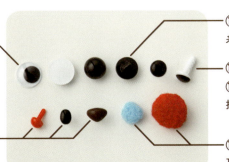

⑩動眼
裏側に接着剤をつけて貼ります。

⑪ボタンタイプのパーツ
糸でぬいつけます。

⑫コミックアイ＆
⑬さしこみタイプのパーツ
接着剤でつけます。

⑬さしこみタイプのパーツ
様々な表情の目や鼻があります。接着剤でつけます。

⑭ボンテン
耳や鼻、目などのパーツとして使用します。接着剤でつけます。

しあわせを運ぶ
小鳥

初心者の人は小鳥からつくりましょう。
あみぐるみの基本知識が習得できます。

《 材料 》

ハマナカ ラブボニー（116）*　5g　9m　*（ ）は色番号
日本あみぐるみ協会 目玉パーツさしこみタイプ・楕円・黒・6.5mm　2個
モール（黄色）　2cm（Ⓐ〜Ⓕ）
フェルト（水色）　3cm×2cm　2枚
ハマナカ クリーンわたわた　4g
かぎ針　5/0号
接着剤
ピンセット
とじ針
目打ち

Ⓑ ラブボニー（110）　フェルト（ピンク）Ⓒ ラブボニー（124）　フェルト（緑）Ⓓ ラブボニー（106）　フェルト（オレンジ）Ⓔ ラブボニー（104）　フェルト（黄）Ⓕ ラブボニー（135）フェルト（青）

《つくり方》

❶ 輪のつくり目をつくり（P10）、1段めは立ち上がりのくさり編み（P10 10〜11）を1目編み、こま編み（P11 12〜16）を6目編む。

❷ 輪の引きしぼりをし（P11）、毎段引き抜き編み（P12）と立ち上がりのくさり編みを1目編む。

❸ 2段め：増目（P12）を6回編み、全部で12目にする（P12〜13）。

❹ 3段め：1目こま編み・増目1回を6回繰り返し、18目にする（P13〜14）。

❺ 4〜6段め：増減なく18目こま編み（P14）。

❻ 7段め：1目こま編み・増目1回・1目こま編みを6回繰り返し、24目にする（P14）。

❼ 8〜9段め：増減なく24目こま編み（P14）。

❽ 10段め：減目だけを12目編む（P14〜15）。

❾ 11段め：減目だけを6目編む（P15）。

❿ くさり止めをし、わたをつめ、糸始末、パーツの取り付けをして完成（P15〜18）。

《仕上げ方》

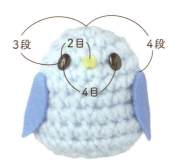

縦：4cm　横：3cm

《編み図》

× ＝こま編み
∨ ＝増目
∧ ＝減目
◯ ＝くさり編み
➖ ＝引き抜き編み

《羽根の型紙》

縦：3cm　横：2cm　2枚

本体

段数	目数
1	6
2	12
3	18
4	18
5	18
6	18
7	24
8	24
9	24
10	12
11	6

⌇ 本体を編む 〔 かぎ針の持ち方 〕 〔 輪のつくり目 〕

1 親指でグリップ部分を押さえ、人さし指を添えて持つ。中指は軸に添えて支える。

2 糸玉の中心から糸端を引き出す。

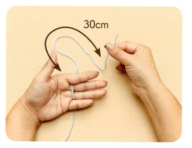

30cm

3 右手で糸端をつまんで持ち、左手の中指と薬指に糸をわたす。

4 人さし指に糸をかける。

5 中指と薬指に2回糸を巻き、糸端を小指ではさむ。

この糸は中指と薬指の後ろ側に

✕

糸を巻く方向に注意

6 中指、薬指、小指を折り曲げる。

7 右手にかぎ針を持ち、矢印の方向にかぎ針を入れ、3本の糸の下に通す。

8 矢印の方向に糸をかけて引き出す。

⌇ 1段めを編む 〔 ○ くさり編み 〕

9 引き出したところ。輪のつくり目の完成。

かぎ針は糸の下側から入れる。

10 かぎ針に糸をかけ、矢印の方向に引き出す。

11 立ち上がりのくさり編みの完成（1目には数えない）。

✕ こま編み

12 矢印の方向にかぎ針を入れる。

13 矢印の方向に糸をかけて引き出す。

14 引き出したところ。かぎ針に2本のループがかかっている。

15 さらにかぎ針を糸にかけ、矢印の方向に引き抜き、一度に2本のループを通す。

16 こま編みが1目完成。

17 12〜16の手順を繰り返し、こま編みを6目編む。

輪の引きしぼり

18 かぎ針にかかっている糸を大きく引き、糸をのばしてからかぎ針をはずしておく。

19 編み目の1目め・2目めあたりを左手でつまんで持つ。

引きのばした糸が左下に来るのは✕

✕

逆に持たないように注意！

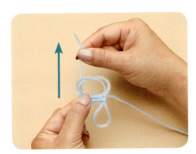

20 糸端をつまみ、上へ少し引く。引ききらないこと。

縮んだ輪

21 二重の輪のうち、片方の輪が小さくなる。

22 小さくなった方の輪の左側を持ち、左から右方向へ引く。

23 もう一つの輪が完全になくなる。

24 再度糸端を上へ引き、完全に輪を引きしぽると中央の穴がなくなる。

25 左手に糸をかけ中指と親指で編み地を持ち、かぎ針をループに戻す。左手にかかる糸は写真参照。

⬭引き抜き編み

26 矢印の目（こま編みの1目め）にかぎ針を入れる。

27 かぎ針を入れたところ。（V字〈頭目〉の下）にかぎ針を入れる。

V字の頭目の間からかぎ針を入れないこと。

28 かぎ針に糸をかけ、矢印の方向に、一度に引き抜く。

29 引き抜き編みの完成。

2段めを編む

30 かぎ針に糸をかけ、立ち上がりのくさり編み（P10）を1目編む。

かぎ針は糸の下側から入れる。

Ⅴこま編みの増目

31 引き抜き編みをした1目め（矢印）にかぎ針を入れる。

32 かぎ針に糸をかけ、矢印の方向へ引き出す。

33 さらにかぎ針に糸をかけ、矢印の方向に引き抜き、一度に2本のループを通す。

34 こま編みが1目完成。

35 同じ目（矢印）に再度かぎ針を入れ、こま編みを編む。

目が2目に増えている（増目）

36 1目に2回こま編みをした状態。同じ目に2回ずつ編むことを増目という。

37 矢印の位置にかぎ針を入れ、同様に残り5目分、同じ目に2回ずつこま編み（増目）する。

38 編み終わりの状態。12目あるか確認し、矢印の位置にかぎ針を入れる。

✕

31までほどいてやり直しましょう

編み終わりの状態がこのようになっている人は、**31**で編み入れる目が一つズレている（2目めにかぎ針を入れている）。

3段めを編む

39 かぎ針に糸をかけ、矢印の方向に一度に引き、引き抜き編みをする。

40 引き抜き編みの目にマーカーをつける（引き抜き編みをするごとに毎段つける）。

目を間違えやすいので注意

42 次に矢印の位置（隣の目）にかぎ針を入れ、同じ目にこま編みを2回編む（増目）。

43 3目できました。

41 くさり編みで1目立ち上げ、矢印の位置にかぎ針を入れ、こま編みを1目編む。

44 矢印の位置にかぎ針を入れ、（1目こま編み、次の目には増目）をさらに5回繰り返す。

4-6段めを編む

45 計18目あるか確認し、矢印の位置にかぎ針を入れ、引き抜き編みをする。

4段め：立ち上がりのくさり編みを編んだところ

編みはじめ

46 4〜6段は増減なく、18目編む。毎段引き抜き編み・立ち上がりのくさり編みを忘れないこと。

6段め：立ち上がりのくさり編みを編んだところ

こま編みが18目あるか数える

47 途中で糸端が邪魔になったら、中に入れ込むか、短く切る。

Point

表　　裏

編み進めると丸まってくるので、裏と表の確認をし、裏が外側にならないよう注意。

7段めを編む

▶

1目、増目、1目編んだところ（計4目になる）

48 くさり編みで1目立ち上げ、矢印の位置にかぎ針を入れ、1目、増目、1目のこま編みを6回繰り返し、計24目編む。

49 矢印の位置にかぎ針を入れ、引き抜き編みをする。

8-9段めを編む

9段目

この目で引き抜き編み

＊引き抜き編み・立ち上がりのくさり編みを忘れないこと。

50 8〜9段は増減なく、24目こま編み。

10段めを編む

51 くさり編みで1目立ち上げる。矢印の位置にかぎ針を入れる。

▲こま編みの減目

52 かぎ針に糸をかけ、矢印の方向に引き出す。

53 引き出したところ。さらに矢印の位置にかぎ針を入れる。

54 かぎ針に糸をかけ、矢印の方向に引き出す。

55 引き出したところ。3本のループがかぎ針にかかっている。

56 かぎ針に糸をかけ、矢印の方向に3本のループを一気に引き抜く。

57 こま編みの減目の完成。矢印の位置にかぎ針を入れ、52〜56を7回繰り返す。

58 12目になっているか確認し、矢印の位置にかぎ針を入れ、引き抜き編みをする。

11段めを編む

Point

編み地を折るように寄せながら、きつめに編むと良い。

❌

寄せないと編み地の穴が大きく開き、中のわたが見えてしまう。

編みはじめ

59 くさり編みで1目立ち上げ、10段めと同様に減目で編む。

くさり止め

60 6目になっているか確認し、矢印の位置にかぎ針を入れ、引き抜き編みをする。

61 糸端を20cmほど残して切る。

62 かぎ針に糸をかけ、くさり編みを編む要領で矢印の方向に引き出す。

63 そのままかぎ針を矢印の方向に引き、糸端をすべて引き出す。

64 かぎ針を置き、糸をしっかり引き締める。くさり止めの完成。

65 わたを適当な大きさにちぎる。

わたが片寄るので、丸めたものを入れないこと

66 ピンセットで編み地の中に少しずつつめる。糸端を入れないように。

67 ぎゅっと押してへこむようではわたが足りない。

68 押してもあまりへこまないぐらいまでしっかりとわたをつめる。

ぬいしぼり

*わかりやすいよう糸色を変えています

V字の目（頭目）の下に針を通す

69 とじ針に糸端を通し、1目めの内側から外側の方向に、針を出す（ぬいはじめの処理）。

70 2目めは外側から内側に、頭目の手前の糸1本のみをすくう。

71 同様に残りの目に針を通す。

糸始末

72 穴がふさがるまで、糸を引きしぼる。

73 針をしぼり目の中央から入れ、適当なところから出す。

74 糸が出ているところに針を当て、針に糸を3回巻きつける。

75 巻きつけたところ。

76 針に巻きつけた糸を親指でしっかり押さえ、矢印の方向に針を引き抜く。

77 糸を引き、結び目を引き締める。玉止めの完成。

78 針を玉止めした目に入れ、適当なところから出す。

79 玉止めが編み地の中に入るよう、矢印の方向へ糸を引く。

80 玉止めの部分を編み地の中に引き込んだところ。

81 糸の出ている位置から針を入れ、適当なところから出す。これを2回ほど繰り返す。

82 編み地の際で糸を切る。

83 編み地を手でもみ、糸端を完全に中に隠し、本体の完成。

くちばしをつける

84 長さ2cmの黄色のモールを準備し、二つに折る。

立ち上がりのライン

85 立ち上がりのラインが背面になるように、正面をしっかり見極める。

86 編み地の正面側（立ち上がりのラインの反対側）の3段めと4段めの間に目打ちで穴をあける。

87 84のモールの両端を片方ずつ接着剤の口に入れ、接着剤をつける。

88 目打ちであけた穴にくちばしを差し込み接着する。

89 くちばしから2目離れた場所に目打ちで穴をあける。

90 接着剤の口に目玉の軸を入れ、接着剤をつける。

91 目玉を差し込み、横から見ても軸が浮かずにしっかり接着しているか確認する。

羽根をつける

92 型紙のサイズに2枚の羽根を切っておく。

93 羽根の上の方にのみ薄く接着剤を塗る。

94 5段めあたり（好みの位置でOK）に両羽根をしっかり接着させて完成。

コラム

知っておくと便利な基礎知識

1 立ち上がりの目の数え方

立ち上がりのくさりの目数は編み目によって決まっています。

こま編み

 立ち上がりのくさりを目数に含めない。

中長編み

 くさり2目分の高さ。
立ち上がりのくさりを1目めとする。

長編み

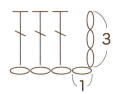 くさり3目分の高さ。
立ち上がりのくさりを1目めとする。

このように
覚えておくと
便利

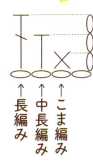

↑長編み　↑中長編み　↑こま編み

2 指定されたメーカーの糸が手に入らないとき

指定の毛糸が手に入らない場合、材料の「かぎ針の太さと毛糸の素材」が同じものから目安をつけ購入しましょう。例えば、材料欄に「かぎ針5/0号、ラブボニー」とあれば、ラベルを見て「かぎ針5/0号、アクリル100%」と書かれているものを購入します。

違う太さの毛糸しか手に入らない場合は完成サイズが変わりますが、太い毛糸で編めば見本よりも大きくでき上がり、細い毛糸で編めば小さく仕上がります。簡単に大きさを変えられるので、アレンジを楽しんでみてください。

子宝＆幸運をもたらす
豚

すじ編み、くさりのつくり目、中長編み
長編みなどさらに新しい手法を学べます。

Oink Oink

Hello!

《材料》

ハマナカ アメリー（7）＊ 14g 38.5m ＊（ ）は色番号
ハマナカ アメリー（2） 3g 8.25m（Ⓐ〜Ⓓ）
日本あみぐるみ協会 オリジナルコミックアイ・黒・7.5mm 2個
ハマナカ クリーンわたわた 14g（胴体）、1g（足）
かぎ針 5/0号
接着剤
ピンセット
とじ針
目打ち

Ⓑアメリー（27）、目（茶） Ⓒアメリー（31）、目（黒） Ⓓアメリー（24）、目（水色）

《 つくり方 》

すべて段の編みおわりは引き抜き編み（P12 26 〜 29）、
編みはじめはくさり編み（P10 10 〜 11）で1目立ち上げる。

❶【本体を編む】P10 1 〜 P13 39 と同様に、1段め6目こま編み（P11）、輪の引きしぼりをし（P11）、2段め増目（P12）で12目編む。

❷3段めはすじ編みを12目編む（P22）。

❸4段め：（1目こま編み、増目）を繰り返し、18目編む。

❹5段め：増減なく18目こま編み。

❺6段め：6目こま編み、増目6回、6目こま編みで、24目編む。

❻7段め：増減なく24目こま編み。

❼8段め：（3目こま編み、増目）を繰り返し、30目編む。

❽9段め：増減なく30目こま編み。

❾10段め：（2目こま編み、増目、2目こま編み）を繰り返し、36目編む。

❿11 〜 21段め：増減なく36目こま編み（＊途中で糸端が邪魔になったら、中に入れ込むか、短く切る）。

⓫22段め：（2目こま編み、減目〈P14〉、2目こま編み）を繰り返し、30目編む。

⓬23段め：（3目こま編み、減目）を繰り返し、24目編む。

⓭24段め：（1目こま編み、減目、1目こま編み）を繰り返し、18目編む。

⓮わたをつめ、25段めは（1目こま編み、減目）を繰り返し、12目編む、26段めはすべて減目で6目編み（P23）、しっぽを編み（P23）、さらにわたをつめ（P23）、ぬいしぼり、糸始末する（P24）。

⓯耳と足のパーツを編み、耳をぬいつけ、目をつける（P24 〜 25）。

⓰フリル部分を本体に編みつけ（P26）、足をぬいつけ、完成（P27）。

《 仕上げ方 》

耳と耳の間8目
目と目の間11目
2目
6・7段めの間
9・10段めの間
2段　2段

縦：8cm　横：10cm

《 編み図／足 》

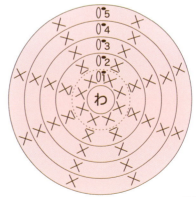

わ

足 4枚

段数	目数
1	8
2	8
3	8
4	8
5	8

《 編み図／耳 》

耳 2枚

《 編み図／フリル 》

フリル

段数	目数	
1	36	
2	＊	＊18模様

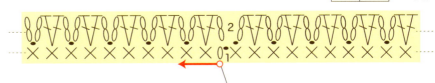

本体に糸をつける位置と編み方向

《編み図／本体》

✕	=こま編み
⋈	=すじ編み
∨	=増目
∧	=減目
○	=くさり編み
●	=引き抜き編み
T	=中長編み
⊽	=長編みの増目

本体

段数	目数
1	6
2	12
3	12
4	18
5	18
6	24
7	24
8	30
9	30
10	36
～	～
21	36
22	30
23	24
24	18
25	12
26	6

最後にくさり編み15目、
こま編み14目で
しっぽを編みだす

本体を編む

引き抜き編みをしたところ

1 つくり方①（P21）を参照し、2段めまで編む。

4 引き出したあとの状態。

3段めを編む　⊠すじ編み

V字（頭目）の間に入れる

2 くさり編みで1目立ち上げ、矢印の位置にかぎ針を入れる。

3 かぎ針に糸をかけ、矢印の方向に引き、①から引き出す。

5 かぎ針に糸をかけ、矢印の方向に引2本のループを通す。

6 すじ編み1目めの完成。

7 矢印の位置からかぎ針を入れ、同様の要領で編み進める。

引き抜き編みはV字（頭目）の目の下に入れる

8 3段めの完成。

4-24段めを編む

9 つくり方③〜⑬（P21）を参照し、24段めまで編む。

わたをつめる

鼻先へわたを指でしっかり押し込む

10 一度かぎ針を抜き、形を整えながらわたをつめる。

25段めを編む

くさり編みで1目立ち上げる

＊編み終わりは引き抜き編み

11 わたを押さえつつ1目こま編み、減目を繰り返す（12目）。

26段めを編む

12 くさり編みで1目立ち上げ、すべて減目で編む（6目）。

しっぽを編む

13 くさり編みを15目編む。

14 V字がはっきり見える側から反対側に返し、矢印で示した目（2目めの裏山）にかぎ針を入れる。

①

＊①の目に対してこま編みをする

15 矢印の方向にかぎ針に糸をかけ、①からかぎ針を出す。

16 かぎ針に糸をかけ、矢印の方向に引き2本のループを通す。

20cm

17 同様に残り13目こま編みをし、くさり止め（P15）して完成。

わたをつめる

18 ピンセットを使い、さらにわたをしっかりつめる。

ぬいしぼり＆糸始末

19 糸端に針を通し、ぬいしぼり（P16）、糸始末（P16）をする。

しっぽは自然に丸まる

20 本体の完成。

耳を編む くさりのつくり目

21 小指と人さし指の間に糸を通し、糸端を10cm残し親指と人さし指・中指で持つ。

22 糸を右手でつまむ。

23 手前にひねる。

24 糸が交差したところを持ち、かぎ針を輪に入れる。

25 かぎ針に糸をかけ、矢印の方向に糸を引き出す。

26 糸端を引き、根本を引き締め、くさりの編みはじめの完成。

27 3目くさり編みを編む。くさりのつくり目3目の完成。

28 裏側にし、1目めの裏山（矢印の目）にかぎ針を入れ、引き抜き編みをする。

29 引き抜き編みをしたところ。

30 2目めの裏山（矢印の目）からかぎ針を入れ、こま編みを1目編む。

31 かぎ針に糸をかけておき、そのまま3目めの裏山（矢印の目）にかぎ針を入れる。

32 かぎ針に糸をかけ、①から引き出す。

33 かぎ針に糸をかけ、矢印の方向に引き3本のループを通し、中長編みの完成。

足を編む

34 糸端を20cm残して切り、くさり止めをし完成。もう片方の耳もつくっておく。

引き抜き編みまでしたところ

35 P10 1～29を参照し、1段めを8目編む。輪を引きしぼり、引き抜き編みをする。

糸端は20cm残す

＊毎段引き抜き編み、立ち上がりのくさり編みを必ずする

36 2段めはすじ編み（P22）、3～5段めはすべてこま編み、くさり止めをし完成。

目をつける

＊残り3本の足もつくる

37 中側の糸端とわたをピンセットで中に入れる。

＊両目の間は11目あく

38 P18を参照し、6段めと7段めの間に接着剤で目をつける。

右耳をつける

目がくっきりしている

表　　　　　　　　裏

＊耳の表と裏をよく確認する

39 耳を表側にし、向かって右側の糸（耳の内側）に針を通す。

40 9段めと10段めの間にバランスを見て針を入れ、糸始末をする。

41 2目あけ、もう片側の糸も針に通し、糸始末する。

42 8目離れた場所に左耳をつけ、完成。

フリルを編みつける

鼻は下側

43 立ち上がり（P17）の11段めと12段めの間にかぎ針を入れる。

44 左手に糸を持ち、目から引き出す（引き抜ききらないこと）。

45 くさり編みを1目編む。

46 写真のように2本の糸を向こう側に置き、1目めに針を入れる。

47 かぎ針に糸をかけ、矢印の方向に引き、①から引き出す。

48 かぎ針に糸をかけ、矢印の方向に引き2本のループから引き出し、こま編み1目の完成。

レース部分を編む　　▼ **長編み**

49 46～48の要領で、1周こま編みを編む。矢印の位置にかぎ針を入れ、引き抜き編み。

50 くさり編みを2目編む。

51 かぎ針に糸をかける。

52 矢印の位置（1目め）にかぎ針を入れる。

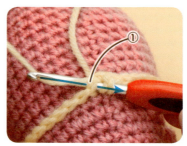

53 かぎ針に糸をかけ、矢印の方向へ引き、①から引き出す。

54 かぎ針に糸をかけ矢印の方向へ引き、2本のループを通す。

55 さらにかぎ針に糸をかけ、矢印の方向へ引き、2本のループを通し、長編みの完成。

56 同じ目にさらに長編みを1目編み、長編みの増目の完成。

57 くさり編みを2目編み、矢印の目に針を入れ、引き抜き編みをする。

58 レース部分1模様の完成。

59 50〜57を繰り返しフリルの完成。糸端を40cm残して切り、くさり止めをする。

60 短い方の糸端の糸始末をする。

足をつける

61 針に残りの糸端を通し、フリルの裏側の目を拾いながら、フリルの裏に糸を1周通す。

62 糸を引くとフリルが身体側にフィットする。糸始末をする。

63 針に糸を通し、1目めの内側から外側へ糸を通す（ぬいはじめの処理）。

64 本体を1目すくい足側の目に針を通す…を繰り返し、すべての目を拾い本体にぬいつけていく。

65 バランスを見ながら足を4本ぬいつけて完成。

恋愛運アップの てんとう虫

パーツのつなげ方やチェーンつなぎ、
刺しゅうの仕方などを学べます。

《 材料 》

ハマナカ　フラックスK（17）＊　8g　20m　＊（　）は色番号
ハマナカ　フラックスK（203）　7g　17.5m
日本あみぐるみ協会　オリジナルコミックアイ・緑・7.5mm　2個
ハマナカ　クリーンわたわた　1g（胴体）、1g（顔）
ペレット　22g
かぎ針　4/0号
接着剤
ピンセット
とじ針
目打ち

ＢフラックスK（20）（205）　ＣフラックスK（206）（207）　ＤフラックスK（15）（210）＊口部はすべて同じ。フラックス
K（203）

《 つくり方 》

すべて段の編みおわりは引き抜き編み（P12 26 ～ 29）、
編みはじめはくさり編み（P10 10 ～ 11）で1目立ち上げる。

❶【お腹を編む】P10 1 ～ P13 39 を参考にし、1段め8目こま編み（P11）、輪の引きしぼりをし（P11）、2段めは増目（P12）で16目編む。

❷3段め：（1目こま編み、増目）を繰り返し、24目編む。

❸4段め：（1目こま編み、増目、1目こま編み）を繰り返し、32目編む。

❹5段め：（3目こま編み、増目）を繰り返し、40目編む。

❺6段め：（2目こま編み、増目、2目こま編み）を繰り返し、48目編む。糸端を30cm残して切り、くさり止め（P15）をする。

❻【背中を編む】P10 1 ～ P13 39 と同様に、1段め6目こま編み、輪の引きしぼりをし、2段め増目で12目編む。

❼3段め：（1目こま編み、増目）を繰り返し、18目編む。

❽4段め：（1目こま編み、増目、1目こま編み）を繰り返し、24目編む。

❾5段め：（3目こま編み、増目）を繰り返し、30目編む。

❿6段め：（2目こま編み、増目、2目こま編み）を繰り返し、36目編む。

⓫7段め：増減なく36目こま編み。

⓬8段め：（5目こま編み、増目）を繰り返し、42目編む。

⓭9段め：増減なく42目こま編み。

⓮10段め：（3目こま編み、増目、3目こま編み）を繰り返し、48目編む。

⓯11段め：増減なく48目こま編み。

⓰12段めを編みながら、お腹と背中を合わせ編みし、チェーンつなぎ（P31）する。

⓱【顔を編む】P10 1 ～ P13 39 を参考にし、1段め7目こま編み、輪の引きしぼりをし、2段増目で14目編む。

⓲3段め：増目2回、1目こま編み、増目、1目こま編み、増目、2目こま編み、増目、1目こま編み、増目、1目こま編み、増目2回で計22目編む。

⓳4 ～ 6段め：増減なくこま編みをする。糸端を30cm残して切り、くさり止めをする。

⓴顔を本体にぬいつける（P32）。

㉑【模様を編む】P10 1 ～ P12 29 を参考にし、1段め8目こま編みをし、輪の引きしぼりをし、引き抜き編みをし、くさり止めしたものを5枚つくる。

㉒模様を背中にぬいつける（P32）。

㉓目をつけ、口を刺しゅうし、完成（P33）。

《 仕上げ方 》

2・3段めの間
7段
2段め
7 ～ 9段め
4・5段めの間

縦：3.5cm
横：8cm

10目
6目
1・2段めの間

《編み図／背中》

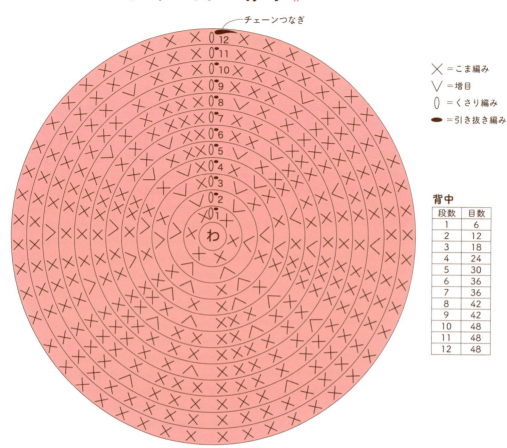

チェーンつなぎ

✕	=こま編み
V	=増目
0	=くさり編み
⬭	=引き抜き編み

背中

段数	目数
1	6
2	12
3	18
4	24
5	30
6	36
7	36
8	42
9	42
10	48
11	48
12	48

《編み図／模様》

模様 5枚

段数	目数
1	8

《編み図／お腹》

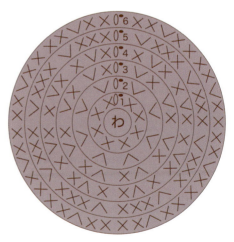

お腹

段数	目数
1	8
2	16
3	24
4	32
5	40
6	48

《編み図／顔》

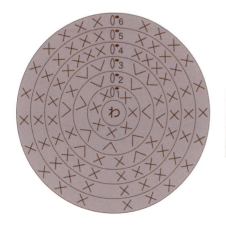

顔

段数	目数
1	7
2	14
3	22
～	～
6	22

お腹を編む

裏側の中央の糸は短く切って処理済み

*見やすくするため糸色を変えています

1 つくり方①〜⑤（P29）を参照し、お腹の部分を編む。

背中を編む

かぎ針は入れたまま

2 つくり方⑥〜⑮（P29）を参照し、背中を編み、くさり編みで1目立ち上げる。

こま編みの合わせ編み

3 お腹と背中のパーツを合わせ、お腹の最後のこま編みの目にかぎ針を入れる。

*お腹側の糸端は中に入れない

4 背中側の糸をかぎ針にかけ、矢印の方向に引き出す。

5 引き出したあとの状態。

6 かぎ針に糸をかけ、矢印の方向に引き2本のループを通す。

ペレットとわたを入れる

ペレットは9割くらい入れる

7 同様にこま編みで4分の3編んだらペレットとわたを入れる。

*わたを一緒に編み込まないよう注意

8 残りの目もこま編みで編み合わせていく。

9 最後は引き抜き編みをせず、糸端を約10cm残して切る。

チェーンつなぎ

10 糸端をかぎ針にかけ、2本のループを通して終了。

11 針に糸を通し、1目めのこま編み（矢印）に針を通す。

12 糸端が出ている目の間に針を戻し、糸を引く。

31

13 引き抜いたところ。チェーンが一つできました。

14 引き抜いた場所のすぐ近くに針を入れ、糸始末（P16）をする。

背中・中央の刺しゅう

15 お腹パーツの糸端に針を通し、背中の中央に1針通す。

16 糸をしっかり引いてから、反対側の目にも針を刺し糸を通す。

17 根元に針を入れ、糸始末をして中央の刺しゅうの完成。

顔を編む

18 つくり方⑰〜⑲（P29）を参照し、顔を編む。

顔をぬいつける

背中の7段めと8段めの間

お腹の4段めと5段めの間

19 立ち上がりのライン（P17）を下側にし、顔を本体にぬいつける。

ぬいはじめの処理

20 針に糸端を通し、1目めの内側から外側へ針を通す。

21 本体と顔の目を拾いながらぬいつけていく。

模様を編む

＊ぬい終わったら糸始末する

22 4分の3ほどぬい進んだらわたを入れ、最後までぬいつける。

中央の糸端は切って処理済み

＊5枚つくる

23 つくり方㉑（P29）を参照し、模様を編む。

模様をつける

24 針に糸端を通し、1目めの裏側から表側に針を通す。

25 返しぬいの要領でぬいつけていく。

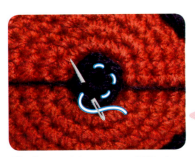

26 図のように、頭目の内側でぬい、モチーフの輪郭をきわ立たせる。

編み地の外側をぬうとモチーフの輪郭がぼやける。

目をつける

27 これを繰り返し、すべての模様をぬいつける。

28 P18を参照し、4段めと5段めの間に目を接着剤で貼る。

口の刺しゅう

29 背中と同じ色の糸を30cm用意し、針を通し玉止めをしておく。

フライステッチ

玉止めは編み地の中に引き込む

30 適当な位置から針を入れ、口角にしたい部分(好みの位置)から針を出す。

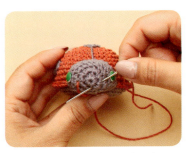

31 反対側の口角に当たる部分から針を入れ、中央から針を出す。

32 糸をまたいで同じ位置から針を入れ、中央で糸を止める。

33 糸始末をして完成。

必勝祈願＆
願いを叶える
お地蔵様

糸を2本どりにして編む方法や、
編み地の裏を表側にして使用する方法を学べます。

B A C

《材料》

A

ハマナカ ブリリアン（3）* 19g 66m ＊（ ）は色番号
ハマナカ コットンノトック（14） 0.5g 2m
ハマナカ コットンノトック（10） 50cm
ハマナカ クリーンわたわた 12g
かぎ針 4/0号
ピンセット
とじ針
＊Aはブリリアンのみ糸の2本どり（P37）、BCは1本どりで編む

B かぎ針6/0号 ハマナカ アミアミコットン（10）39g 50m、（24）2.5g 3m、（20）50cm、わた26g C かぎ針2/0
号 ブリリアン（3）8g 28m、コットンノトック（14）0.5g 2m、（10）50cm、わた6g

34

《つくり方》

すべて段の編みおわりは引き抜き編み（P12 26 〜 29）、
編みはじめはくさり編み（P10 10 〜 11）で1目立ち上げる。耳、前掛けの一部は2目立ち上げる。

❶【頭を編む】糸は2本どりで編む（P37）。P10 1 〜 P13 39 を参考にし、1段め7目こま編み（P11）、輪の引きしぼりをし（P11）、2段めは増目（P12）で14目編む。

❷3段め：（1目こま編み、増目）を繰り返し、21目編む。

❸4段め：（1目こま編み、増目、1目こま編み）を繰り返し、28目編む。

❹5段め：（3目こま編み、増目）を繰り返し、35目編む。

❺6段め：（2目こま編み、増目、2目こま編み）を繰り返し、42目編む。

❻7 〜 14段め：増減なく42目こま編み。編み地を裏返し、糸端を内側に引き込む（P37）。

❼15段め：（5目こま編み、飛ばし目の減目〈P38〉）を繰り返し、36目編む。

❽16段め：（2目こま編み、飛ばし目の減目、2目こま編み）を繰り返し、30目編む。

❾17段め：（3目こま編み、飛ばし目の減目）を繰り返し、24目編む。

❿18段め：（1目こま編み、飛ばし目の減目、1目こま編み）を繰り返し、18目編む。

⓫わたをしっかりと入れる。

⓬19段め：飛ばし目の減目を繰り返し、9目編む。くさり止め（P15）をし、ぬいしぼり（P16）、糸始末（P16）をする。

⓭【胴体を編む】糸は2本どりで編む。P10 1 〜 P13 39 を参照し、1段め7目こま編み、輪の引きしぼりをし、2段めは増目で14目編む。

⓮3段め：（1目こま編み、増目）を繰り返し、21目編む。

⓯4段め：（1目こま編み、増目、1目こま編み）を繰り返し、28目編む。

⓰5段め：（3目こま編み、増目）を繰り返し、35目編む。

⓱6 〜 7段め：増減なく35目こま編み。

⓲8段め：（5目こま編み、飛ばし目の減目）を繰り返し、30目編む。

⓳9段め：増減なく30目こま編み。

⓴10段め：（2目こま編み、飛ばし目の減目、2目こま編み）を繰り返し、25目編む。

㉑11段め：増減なく25目こま編み。

㉒12段め：（3目こま編み、飛ばし目の減目）を繰り返し、20目編む。

㉓13段め：増減なく20目こま編み。糸端を40cm残して切り、くさり止めをする。

㉔編み地を裏返し、糸端を内側へ引き込み、わたを入れ、頭の18・19段めの間にぬいつける（P38）。

㉕【前掛けを編む】P38 11 〜 30 を参照し、前掛けを編む。

㉖【手を編む】糸は2本どりで編む。P10 1 〜 P12 29 と同様に、1段め6目こま編み、輪を引きしぼる。

㉗2 〜 4段め：増減なく6目こま編み。糸端を20cm残して切り、くさり止めする。

㉘【耳を編む】糸は2本どりで編む。P10 1 〜 11 を参照し、輪のつくり目に、立ち上がりのくさり編みを2目編み、中長編み（P25 31 〜 33）2目、引き抜き編み（耳のくぼみができる）、中長編み2目、くさり編み2目、引き抜き編みをし、輪を引きしぼり、糸端を20cm残して切り、くさり止めをする。

㉙前掛け、手、耳をつけ、白毫、表情を刺しゅうし、完成（P40 〜 41）。

《仕上げ方》

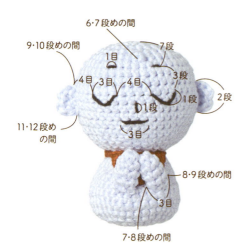

6・7段めの間
9・10段めの間
7段
1目
3段
4目
3目
4目
1段
2段
1段
11・12段め
の間
3目
8・9段めの間
3目
7・8段めの間

縦：9cm　横：7.5cm

《編み図／前掛け》

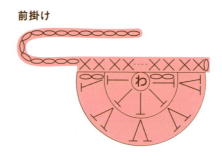

前掛け

《編み図／耳》

耳　2枚

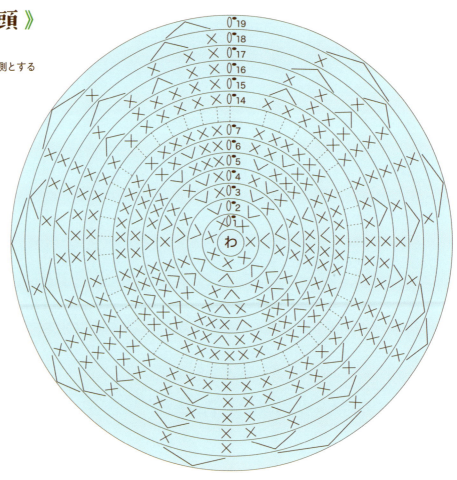

編みはじめ

《編み図／頭》

*14段めまで編んだら、
　編み地を裏返し裏目を外側とする

× ＝こま編み
∨ ＝増目
∧ ＝飛ばし目の減目
0 ＝くさり編み
● ＝引き抜き編み
T ＝中長編み
Ｖ ＝中長編みの増目

頭

段数	目数
1	7
2	14
3	21
4	28
5	35
6	42
～	～
14	42
15	36
16	30
17	24
18	18
19	9

《編み図／手》

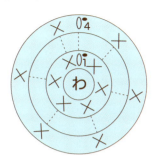

手　2枚

段数	目数
1	6
~	~
4	6

《編み図／胴体》

*13段めまで編んだら、
編み地を裏返し
裏目を外側とする

胴体

段数	目数
1	7
2	14
3	21
4	28
5	35
6	35
7	35
8	30
9	30
10	25
11	25
12	20
13	20

頭を編む　糸の2本どり

1 2本どりで編むため、両糸端を合わせて2本どりにし、かぎ針にかける。

2 つくり方①〜⑥（P35）を参照し、頭を14段めまで編む。

3 裏目を外側にするため、裏側に出ている糸端を引き出してから、編み地を裏返す。

37

飛ばし目の減目

← 編み進む方向

1目飛ばしかぎ針を入れる

4 つくり方⑦〜⑫（P35）を参照し、19段めまで編む。15〜19段めに出てくる「飛ばし目の減目」は、1目飛ばしてかぎ針を入れこま編みをすること。

5 1目飛ばしてこま編みをしたところ。飛ばし目の減目1目が完成。

胴体を編む

*19段めまで編んだ状態

6 わたを入れ、ぬいしぼり（P16）、糸始末（P16）をする。

*編み地は裏返す

7 つくり方⑬〜㉓（P35）を参照し、胴体を編む。

頭と胴をつける

頭　　胴

*胴体付近にわたをつめる

8 頭の18段め付近にぬいつける（P27 63〜64参照）。

9 適当なところから、針を出し、糸始末をする。

10 完成。

前掛けを編む

*糸は1本どり

*見やすくするため糸色を変えています。

11 輪のつくり目をつくり（P10 3〜9）、くさり編みで2目編む。

輪のつくり目に中長編みを編みつける

12 かぎ針に糸をかけ、矢印の方向へかぎ針を入れる。

13 さらにかぎ針に糸をかけ、矢印の方向に引き出す。

14 引き出したところ。

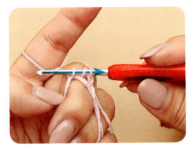

15 さらにかぎ針に糸をかけ、矢印の方向へかぎ針を引き3本の輪に通す。

16 引き出したところ。中長編みが1目編めました。

17 残りの4目も 12 〜 16 の要領で中長編みで編む（計5目できる）。

18 P11の要領で輪を引きしぼる。引き抜き編みはしないこと。

19 くさり編みを2目編む。

20 編み地を矢印の方向に裏返す。

＊裏返す方向を間違えないこと

Ⅴ 中長編みの増目

21 正しく裏返した状態。

22 矢印の目からかぎ針を入れ、中長編みを編む（写真は21の写真を上から見たところ）。

中長編みを1目編んで、中長編みの増目の完成。

23 次は隣の目（矢印）に中長編みを2回編む（増目）。

24 残り3目についても、中長編みの増目を編む。9目あるか数える。

25 くさり編みで1目立ち上げる。

26 矢印の位置にかぎ針を入れ、同じ目にこま編みを2回編む（増目）。

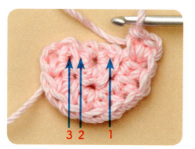

27 それぞれ矢印で示した場所にかぎ針を入れ（1〜3）、こま編みを2回ずつ編む（増目）。

28 編みおわった状態。

29 首まわり1周分くさり編みをし、糸端を20cm残して切り、前掛けの完成（写真は16目）。

前掛けをつける

30 中心から出ている糸は、前掛けの裏側の3〜4目分に針を通してから、糸を切る。

*立ち上がりのライン（P17 85）が後ろになるように。編み地が裏で分かりづらいので注意。

31 前掛けの糸端を針に通し、くさり編みのひもがねじれないよう注意しながら首にまわす。

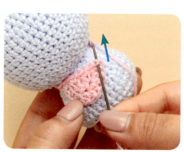

32 前掛けの一番端の目に針を入れ、矢印の方向に引く。

33 くさり編み部分の最後の目の間に針を戻す。

34 前掛けの裏側の3〜4目分に針を通してから、糸を切る。

35 前掛けがつきました。

手を編む

36 つくり方㉖〜㉗（P35）を参照し、手を2本編む。

37 糸端を中に入れ込む。わたは入れない。

手をつける

立ち上がりのラインが内側になるよう

38 ぬいはじめの処理（P32 20）をし、前掛けの下に手をぬいつける。

39 2本手がつきました。右の手は糸始末をし、左の手は糸端をそのまま残す。

40 残した糸端は、左手の中を通し、手の先から針を出す。

41 右手の先を一針すくって引き、2本の手の先を寄せる。

42 さらに元の手を一針すくい、しっかり2本の手をぬい合わせる。

43 前掛けの中心に針を入れ、手を胴体にぬいつけ拝むような形にする。

44 胴体の後ろ側へ針を出し、糸始末をし、手がつきました。

耳を編む

45 つくり方㉘（P35）を参照し、耳を2つ編む。

耳をつける

46 バランスを見て、顔の両側に耳をぬい止め、糸始末をする（片耳の糸端は残す）。

白毫をつくる

47 残した糸端をおでこの真ん中から出し、針に糸を5回巻きつけ玉止めをつくり、糸始末する。

＊玉止めを中に入れ込まないこと

表情の刺しゅう

48 目はフライステッチ（P33 30〜33）、眉、鼻、口にはストレートステッチをし、完成。

飛躍的に運気アップ
うさぎ

今までの手法に加えて
糸の色替えのテクニックです。
一見難しそうですがとても簡単！

《 材料 》

ハマナカ エマ（7）* 15g 49m ＊（ ）は色番号
ハマナカ エクシードウールFL（243） 2g 6m
ハマナカ エクシードウールFL（241） 1g 3m
ハマナカ ピッコロ（1） 1g 3.6m
ハマナカ ピッコロ（17） 20cm
日本あみぐるみ協会 目玉パーツさしこみタイプ・楕円・黒・6.5mm 2個
ハマナカ クリーンわたわた 9g
かぎ針 4/0号／ポンポンメーカー（20mm）
ピンセット／とじ針
接着剤／目打ち

Ｂ エマ（2）、エクシードウールFL（233）（210）、ピッコロ（1）（6）、目（楕円・黒） Ｃ エマ（11）、エクシードウールFL
（214）（229）、ピッコロ（1）、目（チリペッパー 6mm）

《 つくり方 》

すべて段の編みおわりは引き抜き編み（P12 26 〜 29）、
編みはじめはくさり編み（P10 10 〜 11）で1目立ち上げる。

❶【頭を編む】P10 1 〜 P13 39を参考にし、1
段め7目こま編み（P11）、輪の引きしぼりをし
（P11）、2段めはこま編みの増目（P12）で14
目編む。

❷3段め：（1目こま編み、増目）を繰り返し、
21目編む。

❸4段め：（1目こま編み、増目、1目こま編み）
を繰り返し、28目編む。

❹5段め：（3目こま編み、増目）を繰り返し、
35目編む。

❺6段め：増減なく35目こま編み。

❻7段め：（2目こま編み、増目、2目こま編み）
を繰り返し、42目編む。

❼8 〜 13段め：増減なく42目こま編み。

❽14段め：（2目こま編み、減目〈P14〉、2目こ
ま編み）を繰り返し、35目編む。

❾15段め：（3目こま編み、減目）を繰り返し、
28目編む。

❿16段め：すべて減目で編み、14目にする。
糸端を30cm残して切り、くさり止め（P15）
をする。P16を参照し、わたをつめる。

⓫【胴体を編む】P10 1 〜 P13 39と同様に、1
段め6目こま編み、輪の引きしぼりをし、2
段めはこま編みの増目で12目編む。

⓬3段め：（1目こま編み、増目）を繰り返し、
18目編む。

⓭4段め：（1目こま編み、増目、1目こま編み）
を繰り返し、24目編む。

⓮5 〜 9段め：増減なく24目こま編み。9段め
の最後で糸の色を替えるので最後まで編みき
らないこと（P46）。

⓯10段め：黄色の糸で増減なく24目こま編み
（P46 3 〜 8）。

⓰11段め：黄色の糸で（3目こま編み、減目、3
目こま編み）で、21目編む（P46 9）。

⓱12段め：緑の糸に色替えし、増減なく21目
こま編み（P47 10 〜 12）。

⓲13段め：黄色の糸に色替えし、増減なく21
目こま編み。

⓳14段め：黄色の糸で（5目こま編み、減目）を
繰り返し、18目編む。

⓴15段め：緑の糸に色替えし、18目こま編み。

㉑16段め：黄色の糸に色替えし、18目こま編み。

㉒17段め：黄色の糸で（2目こま編み、減目、2
目こま編み）を繰り返し、15目編む。

㉓18段め：緑の糸に色替えし、15目こま編み。

㉔19段め：黄色の糸に色替えし、15目こま編み。
緑色の糸端を編みくるみ切る（P47 13）。

㉕20段め：黄色の糸で15目こま編み。糸端を
5cmほど残して切り、くさり止め。糸端を中
に入れ込み、わたをつめる。

㉖【耳を編む】P10 1 〜 P13 39を参考にし、1
段め4目こま編み、輪の引きしぼりをし、2
段めは（1目こま編み、増目）を繰り返し、6目
編む。

㉗3段め：（1目こま編み、増目）を繰り返し、9
目編む。

㉘4 〜 8段め：増減なく9目こま編み。

㉙9段め：（1目こま編み、減目）を繰り返し、6
目編む。糸端を20cm残して切り、くさり止
めしたものを2本つくる。わたは入れない。

㉚【腕を編む】P10 1 〜 P13 39を参考にし、1
段め6目こま編み、輪の引きしぼりをし、2
〜 11段めまですべて増減なく6目こま編み。
糸端を20cm残して切り、くさり止めしたも
のを2本つくる。わたは入れない。

㉛【足を編む】P10 1 〜 P13 39を参考にし、1
段め7目こま編み、輪の引きしぼりをし、2
段めはこま編みの増目で14目編む。

㉜3段め：増減なく14目こま編み。

㉝4段め：2目こま編み、減目5回、2目こま編みで、9目編む。

㉞5〜7段め：増減なく9目こま編み。

㉟8段目：2目こま編み、減目、1目こま編み、減目、2目こま編みで7目編む。

㊱9〜12段目：増減なく7目こま編み。糸端を20cm残して切り、くさり止めしたものを2本つくる。5段めあたりまでわたを入れる。

㊲パーツをぬいつけ（P47 17、18）、表情をつける（P47 19）。

㊳ポンポンをつくり（P48 20〜26）、しっぽをつけ（P48 27）完成。

《仕上げ方》

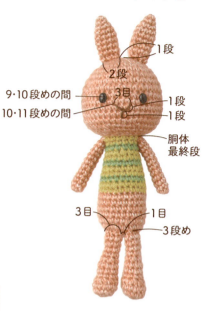

1段
2段
3目
9・10段めの間
10・11段めの間
1段
1段
胴体最終段
3目
1目
3段め

縦：19cm　横：5.5cm

《編み図／胴体》

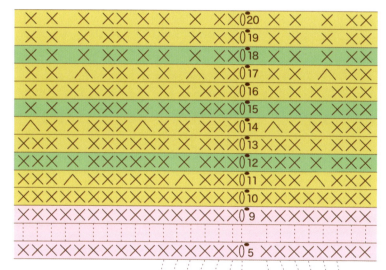

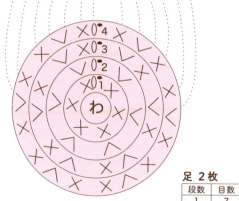

胴体

段数	目数
1	6
2	12
3	18
4	24
〜	〜
10	24
11	21
12	21
13	21
14	18
15	18
16	18
17	15
〜	〜
20	15

《編み図／足》

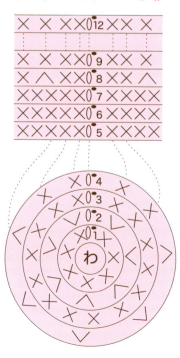

足 2枚

段数	目数
1	7
2	14
3	14
4	9
〜	〜
7	9
8	7
〜	〜
12	7

《編み図／耳》

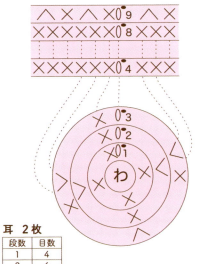

耳 2枚

段数	目数
1	4
2	6
3	9
〜	〜
8	9
9	6

《編み図／腕》

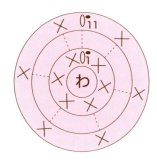

腕 2枚

段数	目数
1	6
〜	〜
11	6

《編み図／頭》

$\times$ ＝こま編み
$\vee$ ＝増目
$\wedge$ ＝減目
0 ＝くさり編み
$\bullet\!-$ ＝引き抜き編み

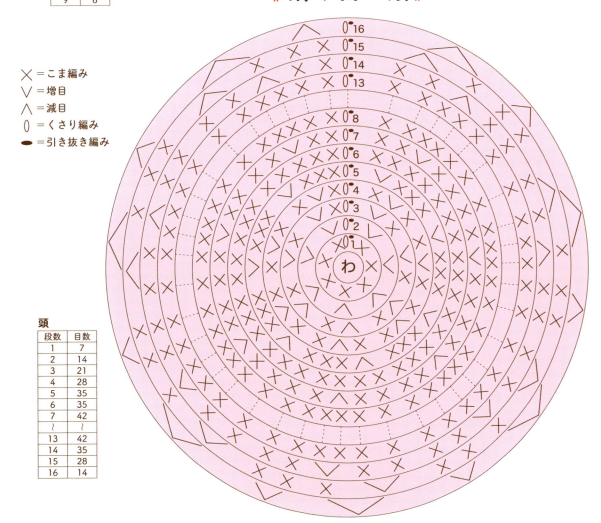

頭

段数	目数
1	7
2	14
3	21
4	28
5	35
6	35
7	42
〜	〜
13	42
14	35
15	28
16	14

頭を編む

*見やすくするため糸を変えています

1 つくり方①〜⑩（P43）を参照し、頭を編む。

胴体を編む

2 つくり方⑪〜⑭（P43）を参照し、胴体を9段めまで編む。9段めの最後は2本のループがかぎ針にかかっている状態のままにして、最後まで編みきらない。

（P43）

糸の色替え

*黄色の糸はエクシードウールFL（243）

3 10段めに使用する、黄色の糸をかぎ針にかける。

4 矢印方向に引き、2本のループを通し、9段めの最後のこま編み1目が完成。

5 黄色の糸で引き抜き編みをし、くさり編み1目で立ち上げる。

2本の糸端を編みくるむ

6 24目こま編みを編むが、ピンクの糸と黄色の糸の糸端を4目分編みくるみながら編み進む。

7 編みくるまれたピンクの糸と黄色の糸の糸端を切る。

引き抜き編みをしたところ

8 そのままこま編みで編み進め、10段めの完成（24目）。

9 11段めは（3目こま編み、減目、3目こま編み）を繰り返し、21目編む。11段めの最後は2本のループがかぎ針にかかっている状態のままにして、最後まで編みきらない。

*緑の糸はエクシードウールFL（241）

10 3〜4の要領で、緑の糸に替える。

＊黄色の糸は後ろ側に置いたまま

11 緑の糸で引き抜き編みをし、12段めはくさり編み1目で立ち上げ、緑の糸端を編みくるみながら編み進む。

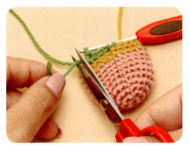

12 4目編んだら、緑の糸端を切る。残り17目こま編みする（計21目）。

19段めの糸端の処理をしているところ

13 13〜20段めはつくり方⑱〜㉕（P43）を参照し編む。19段めで、緑の糸端は4目ほど編みくるんでから切る。

14 わたをつめ、胴体の完成。

耳、腕、足を編む

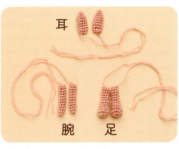

耳

腕　足

15 つくり方㉖〜㊱（P43〜44）を参照し、耳、腕、足を編む。

頭と胴体をつける

16 胴体側の糸端に針を通し、ぬいはじめの処理（P32 20）をする。

耳、腕、足をつける

17 頭と胴体をぬい合わせていく（P27 63〜64参照）。

18 仕上げ方（P44）を参考にし、指定の位置に耳、腕、足をぬう。

表情をつける

＊鼻はフライステッチ

＊立ち上がりのライン（P17 85）は背面側

19 目をつけ（P18）、鼻を刺しゅう（P33）する。

しっぽをつくる

20 ポンポンメーカーにそれぞれ糸を40回ずつ巻きつける。

21 両側に糸を巻きつけたところ。

22 間の溝に沿って、糸をハサミで切る。

23 20cmの別糸を溝に入れ、2回しっかりしばる。

24 レバーを上げてから器具をはずし、ポンポンを取り出す。

25 ハサミで形をきれいに整える。

26 糸端を10cmずつ残し、完成。

27 2本の糸端を針に通し、4〜5段めの間に針を入れ、糸始末でしっぽをつける。

28 しっぽがつき、完成。

目のつけ方で表情を楽しんで♪

おすまし　プンプン　おっとり　ふへー

希望を運び、
長寿祈願の
カメ

アクリルたわしのつくり方などでよく使われる手法、
玉編みの編み方を学べます。

《材料》

ハマナカ 純毛中細（2）* 3g 12m ＊（ ）は色番号
ハマナカ 純毛中細〈グラデーション〉（111） 2.15g 8.6m
オリムパス 25番刺しゅう糸（701） 20cm（A〜C）
日本あみぐるみ協会 目玉パーツさしこみタイプ・楕円・黒・4.5mm 2個
ハマナカ クリーンわたわた 2g
かぎ針 2/0号
接着剤
ピンセット
とじ針
目打ち

B 純毛中細（3）、純毛中細〈グラデーション〉（110） C 純毛中細（31）、純毛中細〈グラデーション〉（104）

《つくり方》

すべて段の編みおわりは引き抜き編み（P12 26 〜 29）、
編みはじめはくさり編み（P10 10 〜 11）で1目立ち上げる。

❶【甲羅を編む】P52 〜 54 1 〜 29 を参照し、甲羅を編む。

❷【頭を編む】P10 1 〜 P13 39 と同様に、1段め6目こま編み（P11）、輪の引きしぼりをし（P11）、2段めはこま編みの増目（P12）で12目編む。

❸3段め：（1目こま編み、増目）を繰り返し、18目編む。

❹4 〜 6段め：増減なく18目こま編み。

❺7段め：6目こま編み、減目（P14）3回、6目こま編みで15目編む。

❻8段め：増減なく15目こま編みし、糸端を20cm残して切り、くさり止め（P15）する。

❼【お腹を編む】P10 1 〜 P13 39 を参考にし、1段め8目こま編み、輪の引きしぼりをし、2段めはこま編みの増目で16目編む。

❽3段め：（1目こま編み、増目）を繰り返し、24目編む。

❾4 〜 5段め：増減なく、24目こま編み。

❿しっぽ部分：くさり編みを4目編む。裏山に引き抜き編みを4目編む（P23 14 〜 16 参照。こま編みではなく、引き抜き編みなので注意）。糸端を10cm残して切り、くさり止めする。

⓫【足を編む】P10 1 〜 P13 39 を参考にし、1段め6目こま編み、輪の引きしぼりをし、2段めもこま編みで6目編む。糸端を20cm残して切り、くさり止めしたものを4本つくる。中央から出ている糸は足の中に入れ込む。

⓬P55 31 〜 37 を参照し、各パーツをつけ完成。

《仕上げ方》

3·4段めの間

2目　2目

8目

4目

縦：3cm　横：6cm

《編み図／お腹》

わ

お腹

段数	目数
1	8
2	16
3	24
4	24
5	24

＊しっぽ編み出し

《編み図／甲羅》

記号	意味
✕	=こま編み
∨	=増目
∧	=減目
○	=くさり編み
●	=引き抜き編み
⋂	=中長編み2目の玉編み
⋔	=中長編み3目の玉編み

甲羅

段数	目数
1	6
2	12
3	24
4	24
5	24

《編み図／足》

足 4枚

段数	目数
1	6
2	6

《編み図／頭》

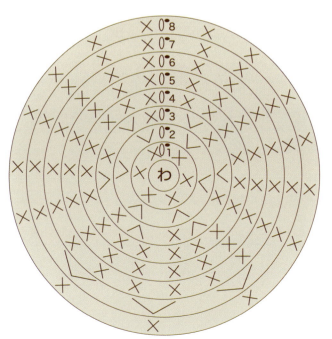

頭

段数	目数
1	6
2	12
3	18
〜	〜
6	18
7	15
8	15

甲羅を編む

◉ 中長編み2目の玉編み

1 P10 1〜11を参照し輪のつくり目をつくり、長めのくさり編みを1目編み立ち上げる。

2 かぎ針に糸をかけ、矢印の方向にかぎ針を入れる。

3 さらにかぎ針に糸をかけ、矢印の方向へ引き出す。

*未完成の中長編み1目め

4 引き出したところ。かぎ針に3本のループがかかっている状態。

5 かぎ針に糸をかけ、矢印の方向にかぎ針を入れる。

6 さらにかぎ針に糸をかけ、矢印の方向へ引き出す。

*未完成の中長編み2目め

7 引き出したところ。かぎ針に5本のループがかかっている状態。

8 かぎ針に糸をかけ、5本のループすべてから一気に引き抜き、中長編み2目の玉編みの完成。

◉ 中長編み3目の玉編み

9 くさり編みを1目編む。

10 2〜7を参照し、5本のループがかぎ針にかかっている状態で、さらにかぎ針に糸をかけ、矢印の方向にかぎ針を入れる。

11 さらにかぎ針に糸をかけ、矢印の方向へ引き出す。

※未完成の中長編み3目め

12 引き出したところ。かぎ針に7本のループがかかっている状態。

13 かぎ針に糸をかけ7本のループすべてから一気に引き抜き、中長編み3目の玉編みの完成。

14 くさり編みを1目編む。

15 中長編み3目の玉編みを編む。

16 14～15をあと3回繰り返す。

17 最後はくさり編みをし、P11 18～24を参照し、輪を引きしぼる。

18 1つめと2つめの玉編みの間（矢印）にかぎ針を入れ、引き抜き編みをする。

19 1段めの完成。玉編みが6つあるか確認する。

甲羅2段め

20 長めのくさり編みで1目立ち上げ、矢印の目にかぎ針を入れ、中長編み2目の玉編みを編む。

21 くさり編みを1目編み、同じ目（矢印）に中長編み3目の玉編みを編む。

22

くさり編みを1目編み、矢印の位置（玉編みの2つめと3つめの間）にかぎ針を入れ中長編み3目の玉編み、くさり編み、同じ場所に中長編み3目の玉編みを編み、くさり編みを編む。

最後のくさり編みを忘れないこと

12 11 10 9 8 7 6 5 4 3 2 1

＊玉編みが12個あるか確認する

23

残りの玉編みの間にも22の要領で編む。

甲羅3段め

24

1つめと2つめの玉編みの間に引き抜き編みをし、2段めの完成。

25

20〜22の要領で編み、玉編みが24個あるか確認する。矢印の場所に引き抜き編みをし完成。

甲羅4段め

最初のみ中長編み2目の玉編み

26

くさり編みで1目立ち上げ、玉編みと玉編みの間に一つずつ中長編み3目の玉編みを編む。4段めは間にくさり編みを編まないので注意。

27

1つめの玉編みの頭目（矢印）に引き抜き編みをし、4段めの完成。

甲羅5段め

28

くさり編みで1目立ち上げ、玉編みの頭目にこま編みをする（24目）。

中側の糸は切る

＊糸端は30cm残して切る

29

矢印の目にかぎ針を入れ、引き抜き編みをし、くさり止めをする。

顔・お腹・足を編む

顔
お腹
足

30 つくり方⑦〜⑪（P50）を参照し、それぞれのパーツを編む。

甲羅とお腹を合わせる

31 甲羅側の糸に針を通し、1目めの内側から外側へ糸を通す（ぬいはじめの処理）。

32 お腹側の目に針を入れ、甲羅側の目に通し糸を引く…を繰り返し、ぬい合わせる。

33 4分の3ほどぬい合わせたら、わたをつめ、とじる。

34 糸始末（P16）をして完成。

頭をぬいつける

立ち上がりのライン（P17 85）が下になるように

35 頭をぬいつける（P32 19 〜 22 参照）。

表情をつける

36 目をつけ（P18）、口を刺しゅう（P33、フライステッチ）する。

足をぬいつける

37 P27 63 〜 64 を参照し、4本の足をバランスよくつけて完成。

お金が返る＆無事帰る
カエル

楕円の底から編み上げて立体を編む手法です。
バッグの製作にも応用できます。

《材料》

ハマナカ アプリコ（14）　4g　16m
ハマナカ アプリコ（1）　0.5g　2m
オリムパス 25番刺しゅう糸（701）　20cm（Ⓐ～Ⓓ）
（目）日本あみぐるみ協会 目玉パーツさしこみタイプ・楕円・
黒・6.5mm　2個
（鼻）日本あみぐるみ協会 目玉パーツさしこみタイプ・
黒・2.0mm　2個（Ⓐ～Ⓓ）
ハマナカ クリーンわたわた　2g
かぎ針　3/0号／接着剤
ピンセット／とじ針／目打ち

Ⓑかぎ針 3/0号、ハマナカ シオラ（8）（1）、目（フォレストグリーン・6.0mm）　Ⓒかぎ針 4/0号、ハマナカ ピッコロ
（32）（1）、目（楕円・黒・6.5mm）　Ⓓかぎ針 5/0号、ハマナカ ラブボニー（115）（125）、目（ボタンタイプ・黒・10mm）

《つくり方》

すべて段の編みおわりは引き抜き編み（P12 26 ～ 29）、
編みはじめはくさり編み（P10 10 ～ 11）で1目立ち上げる。

❶【頭：右目を編む】P10 1 ～ P13 39を参考にし、1段め6目こま編み（P11）、輪の引きしぼりをし（P11）、2段めは（1目こま編み、増目〈P12〉）を繰り返し9目編み、3段めは増減なく9目こま編み。最後はくさり止め（P15）をし、糸端は短く切る。

❷【頭：左目を編む】右目と同様の手順で3段めまで編む。裏側の中央の糸端は短く切る。

❸【頭：右目と左目をつなげる】4段め：P59 3 ～ 11を参照し、右目と左目を編みながらつなげる。

❹5段め：増減なく、24目こま編み。

❺6段め：（5目こま編み、増目）を繰り返し、28目編む。

❻7 ～ 8段め：増減なく、28目こま編み。

❼9段め：（3目こま編み、増目、3目こま編み）を繰り返し、32目編む。

❽10 ～ 13段め：増減なく、32目こま編み。

❾14段め：（1目こま編み、減目、1目こま編み）を繰り返し、24目編む。

❿15段め：（1目こま編み、減目、1目こま編み）を繰り返し、18目編む。

⓫16段め：（1目こま編み、減目）を繰り返し、12目編む。わたを入れる。

⓬17段め：すべて減目で6目編む。糸端を20cm残して切り、くさり止めをし、ぬいしぼり（P16）、糸始末（P16）をする。

⓭【胴体を編む】P60 ～ 61 14 ～ 29を参照し、胴体を編む。

⓮【頭：表情をつける】目と鼻を接着剤でつけ（P18 89 ～ 91）、口をフライステッチ（P33 30 ～ 33）する（P62）。

⓯手、足はP62 30 ～ 33を参照して編み、すべてのパーツをつなげて（P62 34 ～ 36）完成。

《仕上げ方》

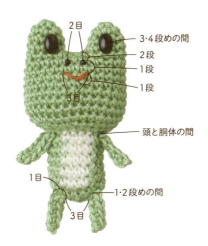

- 2目
- 3・4段めの間
- 2段
- 1段
- 1段
- 3目
- 頭と胴体の間
- 1目
- 1・2段めの間
- 3目

縦：7cm　横：3.5cm

《編み図／胴体》

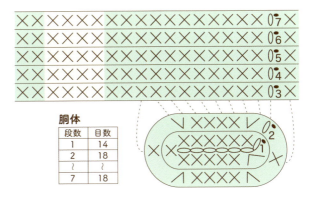

胴体

段数	目数
1	14
2	18
～	～
7	18

《編み図／足》

足　2枚

段数	目数
1	4

《編み図／右目》

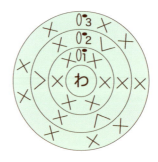

右目	
段数	目数
1	6
2	9
3	9

《編み図／手》

手 2枚

段数	目数
1	5

× ＝こま編み
∨ ＝増目
∧ ＝減目
() ＝くさり編み
●― ＝引き抜き編み

《編み図／左目〜頭》

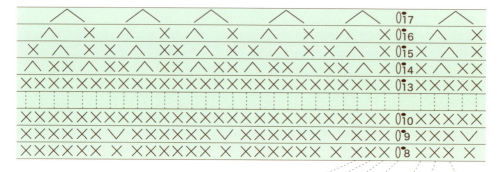

左目〜頭	
段数	目数
1	6
2	9
3	9
4	24
5	24
6	28
7	28
8	28
9	32
〜	〜
13	32
14	24
15	18
16	12
17	6

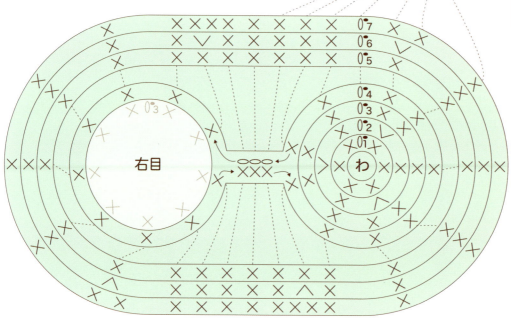

右目を編む

*見やすくするため糸を変えています

1 つくり方①（P57）を参照し、右目を編む。

左目を編む

編み終わりは引き抜き編みをする

2 つくり方②（P57）を参照し、左目を3段めまで編む。

右目と左目を
つなげる（4段め）

くさり編み3目
こま編み2目

3 4段めは、こま編み2目、くさり編み3目編む。

4 右目の立ち上がりから2目戻ったところ（8目め、矢印）にかぎ針を入れる。

5 こま編みを2目編む。

こま編み2目

6 立ち上がりの目を飛ばして、1目め（矢印）にかぎ針を入れる。

7 立ち上がりの目を飛ばして、こま編みを1目編んだところ。

8 残り6目もこま編みで編む。

③ ② ①

9 3で編んだくさり編みの裏山（①〜③）にこま編みを編む。

頭 5段め

10 右目の3目め（矢印）から7目こま編みを編む。

11 矢印の位置で引き抜き編みをし、4段めの完成。

12 くさり編みで1目立ち上げ、1周24目こま編みを編む。

胴体（1段め）

13 つくり方⑤〜⑫（P57）を参照し、頭の完成。

14 くさりのつくり目をつくる（P24 21 〜 26）。

15 6目くさり編みを編む。さらに立ち上がりのくさり編みを1目編む（計7目）。

16 裏山2目め（矢印）にかぎ針を入れ、こま編みを5目編む。

*かぎ針を入れたまま編み地を180度回転する

17 最後の裏山1目（矢印）にはこま編みを3目編むが、最後の3目めを編む際には、編み地の天地を逆にしてから編む。

18 4目こま編みをする。

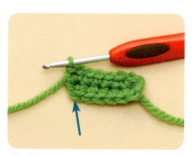

19 最後の目にはこま編みの増目を編み、計14目あるか確認する。

20 矢印の目にかぎ針を入れて、引き抜き編みをする。

胴体（2段め）

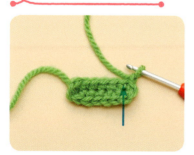

21 くさり編みで1目立ち上げ、1目め（矢印）は増目、2〜5目めは1目ずつこま編み。

22 6目めは増目。7目めは1目こま編み、8目めは増目、9〜12目めは1目ずつこま編み、13目めは増目、14目めは1目こま編みする（計18目）。

胴体（3段め）

23 矢印の目にかぎ針を入れ、引き抜き編みする。

24 くさり編みで1目立ち上げ、11目こま編みで編み進んできたところ。（11目めのこま編みは編みきらず、かぎ針に2本のループがかかっている状態で止める）。

＊見やすくするため糸を変えています

25 白い糸に糸替えをし（P46）、白の編みはじめの糸端と、緑の糸を編みくるみながら4目こま編み（4目めの最後は編みきらず、かぎ針に2本の輪がかかっている状態で止める）。

26 緑の糸に替え、3目こま編みする。

胴体（4〜7段め）

糸端は短く切る

27 1目め（矢印）に引き抜き編み。白い糸端と、中から出ている緑の糸端は短く切る。

28 同様の要領で、18目増減なく糸色を替えながらこま編みする。白い糸は4目編むごとに右側へ戻し、裏側で糸を横にわたす。緑と白の糸は編みくるむ。

編みくるむ

Point

引きつれないように

糸色を替える際、横にわたす糸を短くしすぎないよう注意。

＊裏返した際にこうなっていればOK

29 糸端を30cm残して切り、くさり止めする。わたをつめる。

手を編む

30 くさりのつくり目を5目編む。さらにくさり編みで1目立ち上げる（計6目）。

31 裏山の2目めにかぎ針を入れ、こま編みを5目編む。

足を編む

32 糸端を10cm残して切り、くさり止めする。2本つくる。

33 手と同様の要領で、足も2本つくる。

頭と胴体をつなげる

＊胴体側の糸端をぬいはじめの処理（P32 20）をしてから

34 頭の15〜16段めの間と胴体側の目を拾いながらぬい合わせる。

手と足をつける

立ち上がりのライン（P17 85）が裏側になるように

35 つながりました。

36 手は頭と胴体の境目、足は胴体の1〜2段めの間にP25 40〜41と同様の要領で、糸始末しながらつけていく。

37 目と鼻をつけ（P18 89〜91参照）、口はフライステッチ（P33 30〜33）をして、完成。

困難をはねのける
ふくろう

連続した中長編みは1目めが変則なので
この作品でしっかり
ルールを覚えましょう。

《材料》

ハマナカ ルナモール(3)* 16g 22.5m ＊( )は色番号
ハマナカ ルナモール(1) 1g 1.5m
ハマナカ ピッコロ(27) 1g 3m (Ⓐ Ⓑ)
ハマナカ プラスチックアイ・イエロー・12mm 2個
ハマナカ クリーンわたわた 14g
かぎ針 6/0号(ルナモール)、4/0号(ピッコロ)
ピンセット
とじ針
目打ち

Ⓑ本体・羽根：かぎ針 5/0号、ハマナカ エクシードウールL(312)(302)、目(10mm) Ⓒ本体・羽根：かぎ針
4/0号 ピッコロ(1)(2)、くちばし：かぎ針 2/0号、ハマナカ エンペラー(3)(胴体刺しゅうは1本どり)、目(9mm)

《 つくり方 》

すべて段の編みおわりは引き抜き編み（P12 26 〜 29）、
編みはじめはくさり編み（P10 10 〜 11）で1目立ち上げる。10 〜 13段めは2目立ち上げる。

❶【本体を編む】＊頭部分から胴体に向かって編む。
P10 1 〜 P13 39を参考にし、1段め7目こま
編み（P11）、輪の引きしぼりをし（P11）、2段
めはこま編みの増目（P12）で14目編む。

❷3段め：（1目こま編み、増目）を繰り返し、
21目編む。

❸4段め：（1目こま編み、増目、1目こま編み）
を繰り返し、28目編む。

❹5段め：8目こま編みをしたら、耳を編み出
す（くさり編みを4目編み、最初の裏山に引き
抜き編み、残りの3目はこま編み）。次に12
目こま編みし、同様の要領で耳を編み出し、
残り8目こま編みをする（P66）。

❺6段め：11目こま編みし、ベージュの糸（ハ
マナカ ルナモール〈1〉）に色替え（P46）し（＊
11目めのこま編みを編みきらず糸替えするこ
と〈以下同様〉）、ベージュの糸で6目こま編
み、茶色の糸に戻し11目こま編み（計28目）
（P66）。

❻7 〜 8段め：10目こま編み、糸色をベージュ
に替え8目こま編み、茶色の糸に戻し10目こ
ま編み（計28目）。

❼9段め：増減なく28目こま編み（9段目以降
は茶色の糸）。

❽10段め：（中長編み〈P25〉の増目、3目中長
編み）を繰り返し、35目編む（P66）。

❾11 〜 12段め：中長編みで増減なく35目編む。

❿13段め：（3目中長編み、中長編みの減目
〈P68〉）を繰り返し、28目編む（P67）。

⓫14段め：すべて中長編みの減目で編む（14目）
（P68）。

⓬15段め：すべて中長編みの減目で編む（7目）。

⓭くさり止め（P15）をし、わたを入れ（P16）、
ぬいしぼり（P16）、糸始末（P16）をする。

⓮【羽根を編む】P24 21 〜 27を参考にし、くさ
りのつくり目を6目つくり、裏山の最初の目に
引き抜き編み、次に1目こま編み、3目中長編
みを編む。最後の裏山には長編み（P26）5目
を編み、途中で編み地を回転し、3目中長編み、
1目こま編み、引き抜き編みをし、最後はチ
ェーンつなぎ（P31 11 〜 13）する（P69）。

⓯P70を参照して、羽根をぬいつける。

⓰【くちばしを編む】P10 1 〜 P13 39を参考にし、
1段め4目こま編み、輪の引きしぼりをし、2
段めは（1目こま編み、増目）を繰り返し、6目
編む。

⓱くちばしをぬいつけ、目をつけ、胴体に刺し
ゅうをして完成（P70）。

《編み図／くちばし》

くちばし

段数	目数
1	4
2	6

《仕上げ方》

8段
4目
7・8段めの間
1段
1段
1段
2目
1目
2目
3目

縦：9cm　横：8cm

《編み図／羽根》

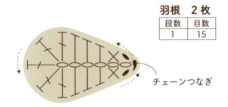

羽根　2枚

段数	目数
1	15

チェーンつなぎ

《編み図／本体》

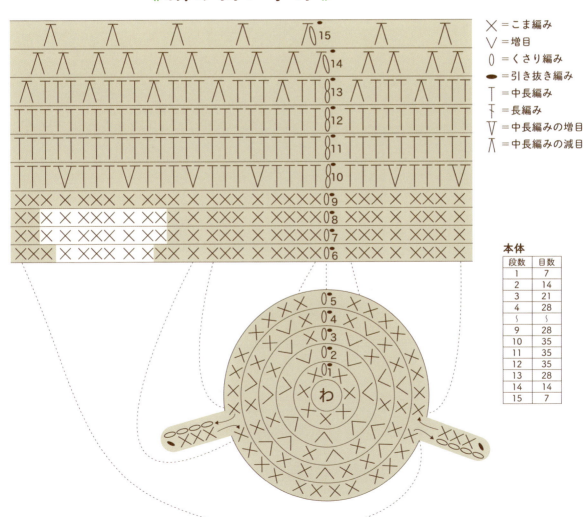

×＝こま編み
∨＝増目
０＝くさり編み
●＝引き抜き編み
Ｔ＝中長編み
┰＝長編み
∨＝中長編みの増目
∧＝中長編みの減目

本体

段数	目数
1	7
2	14
3	21
4	28
〜	〜
9	28
10	35
11	35
12	35
13	28
14	14
15	7

頭と胴体を編む

1 つくり方①〜④（P64）を参照し、5段めのこま編み8目まで編む。

*見やすくするため糸色を変えています

5段め−耳を編み出す

2 くさり編みを4目編む。

引き抜き編み
こま編み

3 くさりの裏山の最初の目には引き抜き編み、残り3目にこま編みを編む。

4 矢印位置から12目こま編みを編む。

5 2〜3と同様に耳を編み出し、矢印位置から残り8目こま編みを編む。編みおわりに引き抜き編みをし、6段めの編みはじめはくさり編みで1目立ち上げる。

6段め−糸の色替え

*7目めまで編んだところ

9目め
8目め
11目め
*ここでベージュの糸に色替え（P46）

6 つくり方⑤（P64）を参照し、6段めを編む。

7 9目めを編む際は、耳を手前に倒す。

7〜9段め

8 つくり方⑥〜⑦（P64）を参照し、9段めまで編む。

10段め

9 立ち上がりのくさり編みを2目編む。これを1目めとして数える。

連続する中長編み

*中長編みは1目めがいつも変則なので注意

10 2目めの中長編み（P25）を矢印の位置（9段めの1目めのこま編みの頭目）に編む。中長編みの増目の完成。*立ち上がりのくさり編みを1目めと数えるため、最初の目の数え方に注意。

11 中長編みを3目編む。

12 矢印の目に中長編みの増目を編む。

13 （中長編み3目、中長編みの増目）を繰り返し、35目編む。

14 中長編みの場合は、「立ち上がりのくさり2目めの間」からかぎ針を入れて引き抜き編みをする。その際、裏山も拾うこと。

立ち上がりのくさり2目めの間からかぎ針を入れ、裏山も拾っているところ

目がのびてゆるむ

裏山を拾わず、くさりの片側だけにかぎ針を入れて引き抜き編みをすると、目がゆるむ。

11〜12段め

15 引き抜き編みをしたところ。

16 立ち上がりのくさり編みを2目編む。

◎中長編みはここから編むこと

こま編みの場合はここから編む

17 ◎の矢印の位置（2目め）から中長編みを増減なく編む。

13段め

＊引き抜き編みをしたところ

18 11段め12段めを中長編みで35目ずつ編んだところ。

19 くさり編みで2目編んで立ち上げ、中長編みを2目編む（立ち上がりのくさり編みを1目めとするので、中長編み2目編むことで、中長編みを計3目編んだことになる）。

未完成（3本のループがかぎ針にかかっている）の状態

20
4目めは中長編みの減目を編むが、3本のループがかぎ針にかかっている未完成の状態で止める。

*5本のループがかぎ針にかかる

21
20の状態でさらにかぎ針に糸をかけ、次の目（矢印）にかぎ針を入れ、糸を引き出す。未完成の中長編み2目がかぎ針にかかっている状態。

22
かぎ針に糸をかけ、5本のループを通して糸を引き出す。

14段め

23
中長編みの減目が1目完成。

*引き抜き編みをしたところ

24
（中長編み3目、中長編みの減目）を繰り返し、13段めの完成（28目）。

25
立ち上がりのくさり編みを1目編む。

26
かぎ針に糸をかけ、次の目（矢印）にかぎ針を入れ、糸を引き出す。

27
かぎ針に糸をかけ、3本のループを通して糸を引き出す。

Point

ここでさらにかぎ針を目に入れて糸を引き出さないこと

28 中長編みの減目の最初の目が完成。

「中長編みの減目」であっても、1目めはいつも変則（25 ～ 27）なので注意。20のように3本のループがかぎ針にかかった状態で、さらに糸をかけ次の目にかぎ針を入れないこと。

*15段めまで編んだところ

29 次の目からは20 ～ 22の要領で、中長編みの減目を編む。15段めも14段めと同じ要領で中長編みの減目で編む。

30 つくり方⑬（P64）を参照し、本体の完成。

羽根を編む

31 くさりのつくり目を6目編む（P24 21 ～ 27）。

引き抜き編み
こま編み
中長編み

32 裏山の最初の目に引き抜き編み、次にこま編み、中長編み3目を編む。

33 矢印の目（最後の裏山）にかぎ針を入れ、まず3目長編み（P26）を編む。

34 4目めからは同じ目（矢印）にかぎ針を入れ、編み地を回転し、2目長編みを編む（長編み計5目）。

中長編み
こま編み

35 矢印の目に中長編み3目、こま編み1目編む。

36 矢印の位置に引き抜き編みを編む。

37 糸端を20cm残して切り、チェーンつなぎ（P31 11〜13）をして完成。

38 編みはじめの糸端を針に通し、編み地の裏側を数目分すくって糸を切る。

羽根を本体にぬいつける

39 もう一方の糸端を針に通し、編み地の裏側をすくいながら、羽根のぬいはじめの位置まで針を移動する。

40 羽根の上部をぬいつける。

くちばしをつける

41 つくり方⑯（P64）を参照し、くちばしを編む。

目をつける

42 ぬいはじめの処理（P32）をしてから、本体にぬいつける。

43 目のつけ位置に目打ちで穴をあける。

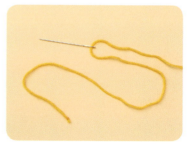

44 くちばしと同じ色の糸（30cm）を針に通し、玉止めをする。

＊玉止めはしっかりと中へ引き込む

45 頭後方から、目打ちであけた位置へ針を出す。

＊最後は糸始末する

46 目玉を糸に通し、針を出した位置に針を戻し、目玉をつける。

＊糸は2本どり

47 胴体に刺しゅう（P33、フライステッチ）をし、完成。

合格祈願＆大願成就
だるま

基本的な編み方とカエルの胴体の底の部分の編み方を
理解していれば簡単です。

《材料》

ハマナカ ピッコロ（26）* 4g 14.4m ＊（ ）は色番号
ハマナカ ピッコロ（46） 1g 3.6m
ハマナカ ピッコロ（20） 30cm
ハマナカ エンペラー（3） 60cm
日本あみぐるみ協会 オリジナルコミックアイ・黒・7.5mm 2個
ハマナカ クリーンわたわた 6g
かぎ針 4/0号
接着剤
ピンセット
とじ針／目打ち

B ピッコロ（1） **C** ピッコロ（31） **D** ピッコロ（24） **E** ピッコロ（5） **F** ピッコロ（8） **G** ピッコロ（7）＊本体以外は共通

《つくり方》

すべて段の編みおわりは引き抜き編み（P12 26 〜 29）、
編みはじめはくさり編み（P10 10 〜 11）で1目立ち上げる。

❶【本体を編む】P10 1 〜 P13 39 を参考にし、1
段め7目こま編み（P11）、輪の引きしぼりをし
（P11）、2段めはこま編みの増目（P12）で14
目編む。

❷3段め：（1目こま編み、増目）を繰り返し、
21目編む。

❸4段め：（1目こま編み、増目、1目こま編み）
を繰り返し、28目編む。

❹5 〜 9段め：増減なく28目こま編み。

❺10段め：（3目こま編み、増目）を繰り返し、
35目編む。

❻11 〜 14段め：増減なく35目こま編み。

❼15段め：（3目こま編み、減目〈P14〉）を繰り

返し、28目編む。

❽16段め：（1目こま編み、減目、1目こま編み）
を繰り返し、21目編む。

❾17段め：（1目こま編み、減目）を繰り返し、
14目編む。

❿18段め：すべて減目で、7目編む。

⓫くさり止め（P15）をし、わたを入れ（P16）、
ぬいしぼり（P16）、糸始末（P16）をして完成。

⓬【顔を編む】P73 2 〜 11 を参照し、顔を編む。

⓭P74 12 〜 14 を参照し、顔を本体にぬいつけ、
表情をつける。

⓮P74 15 〜 17 を参照し、本体に刺しゅうをし
完成。

《仕上げ方》

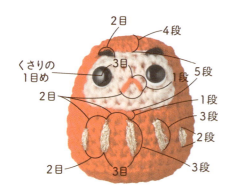

2目
4段
くさりの
1目め
3目
5段
1段
1段
2目
3段
2段
2目
3目
3段

縦：5.5cm　横：5cm

＊金色の刺しゅうのみ2本どり

《編み図／顔》

顔

段数	目数
1	14
2	18

╳ ＝こま編み
∨ ＝増目
∧ ＝減目
◦ ＝くさり編み
● ＝引き抜き編み

《編み図／本体》

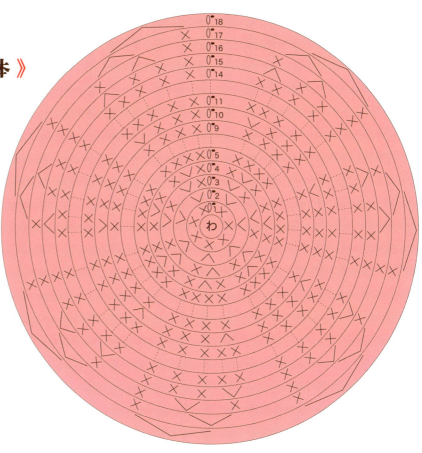

本体

段数	目数
1	7
2	14
3	21
4	28
～	～
9	28
10	35
～	～
14	35
15	28
16	21
17	14
18	7

本体を編む

1 つくり方①～⑪（P72）を参照し、だるまの本体を編む。

顔を編む

*見やすくするため糸を変えています

2 くさりのつくり目（P24）で6目つくり、立ち上がりのくさり編みを1目編む（7目）。

← こま編みの増目

3 1目飛ばした次の裏山にこま編みの増目を編む。

こま編み

4 5～2目めのくさりの裏山4目にこま編みを1目ずつ編みつける。

同じ目にこま編み2目

最後の1目は編み地を回転し同じ目にこま編み

5 1目めのくさりの裏山にこま編みを3目編む。2目編んだところで、最後の1目は編み地を回転させる（すべて同じ目に編むこと）。

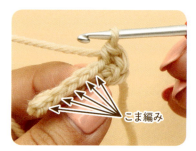

6 こま編みを5目編む（1段め14 目の完成）。

7 矢印の目に引き抜き編みをする。

8 くさり編み1目で立ち上げ、矢印の目にこま編みの増目を編む。

9 こま編みを6目編む。

10 増目、増目、こま編み4目、増目を編む。

11 矢印の位置で引き抜き編みをする。

表情をつける

12 糸端を30cm残して切り、くさり止めをする。

13 仕上げ方（P72）で位置を確認し、顔を本体にぬいつける。

＊ぬいはじめの処理（P32）をしてから、ぬいつける

14 目をつけ（P18）、口はフライステッチ（P33）、まゆはストレートステッチ。

＊まゆのストレートステッチは2回

本体に刺しゅうする

15 仕上げ方（P72）を参照し、指定の位置から針を出し玉止めを本体に引き込む。

＊金色の糸を針に通し、2本どりにして糸端は玉止めをする

16 針を出した位置から針を入れ、3段上の指定の位置から針を出し、糸をかける。

17 糸を引き、同じ位置に針を入れ、中央の刺しゅうが完成。両サイドも同様に刺しゅうし、完成。

仕事運アップ＆ビジネス成功
ぞう

基本の編み方と
糸の色替えの手法を
習得していれば、
簡単に制作できる作品です。

Ⓐ Ⓑ Ⓒ

《材料》

ハマナカ ねんね（7）＊　15g　75m　＊（　）は色番号
ハマナカ ねんね（6）　2.5g　12.5m
ハマナカ ねんね（4）　1g　5m
日本あみぐるみ協会 目玉パーツさしこみタイプ・楕円・黒・6.5mm　2個
ハマナカ クリーンわたわた　5g（頭）　4g（胴体）　少々（足）
かぎ針　5/0号
接着剤
ピンセット
とじ針
目打ち

Ⓑねんね（5）（9）（4）　Ⓒねんね（11）（10）（4）

《 つくり方 》

すべて段の編みおわりは引き抜き編み（P12 26 〜 29）、
編みはじめはくさり編み（P10 10 〜 11）で1目立ち上げる。

❶【頭を編む】＊糸はすべて2本どり（P37）で編む。
P10 1 〜 P13 39 を参考にし、1段め6目こま
編み（P11）、輪の引きしぼりをし（P11）、2段
めはすじ編み（P22）で6目編む。

❷3 〜 4段め：増減なく6目こま編み。

❸5段め：増目、4目こま編み、増目（P12）で8
目編む。

❹6段め：1目こま編み、増目、4目こま編み、増目、
1目こま編みで、10目編む。

❺7段め：1目こま編み、増目、2目こま編み、
増目2回、2目こま編み、増目、1目こま編みで、
14目編む。

❻8段め：（1目こま編み、増目）を3回繰り返し、
2目こま編み、（増目、1目こま編み）を3回繰
り返し、20目編む。

❼9段め：（3目こま編み、増目）を繰り返し、
25目編む。

❽10段め：9目こま編み、（増目、2目こま編み）
を2回繰り返し、増目、9目こま編みで、28
目編む。

❾11段め：9目こま編み、（増目、2目こま編み）
を3回繰り返し、増目、9目こま編みで、32
目編む。

❿12 〜 15段め：増減なく32目こま編み。

⓫16段め：（1目こま編み、減目〈P14〉、1目こ
ま編み）を繰り返し、24目編む。

⓬17段め：（1目こま編み、減目、1目こま編み）
を繰り返し、18目編む。

⓭18段め：（1目こま編み、減目）を繰り返し12
目編む。

⓮19段め：すべて減目で、6目編む。くさり止
め（P15）をし、わたを入れ（P16）、ぬいしぼ
り（P16）、糸始末（P16）をする。

⓯【胴体を編む】P10 1 〜 P13 39 を参考にし、
水色の糸で、1段め8目こま編み、輪の引き

しぼりをし、2段めは増目で16目編む。

⓰3段め：（1目こま編み、増目）を繰り返し、
24目編む。

⓱4 〜 8段め：増減なく24目こま編み。7段め
はピンクの糸に色替え（P46）、8段めは黄色
の糸に色替えする。

⓲9段め：ピンクの糸に色替えし、（1目こま編み、
減目、1目こま編み）を繰り返し、18目編む。

⓳10段め：増減なく18目こま編み。

⓴11段め：（2目こま編み、減目、2目こま編み）
を繰り返し、15目編む。

㉑12段め：増減なく15目こま編み。糸端を
30cm残して切り、くさり止めをし、わたを入
れる。

㉒【耳を編む】P10 1 〜 P13 39 を参考にし、1
段め7目こま編み、輪の引きしぼりをし、2
段めは増目で14目編む。

㉓3段め：（1目こま編み、増目）を繰り返し、
21目編む。

㉔4段め：増減なくこ21目こま編み。

㉕5段め：（1目こま編み、減目）を繰り返し、
14目編む。糸端を30cm残して切り、くさり
止めをする。わたは入れない。

㉖【手を編む】P10 1 〜 P13 39 を参考にし、1
段め6目こま編み、輪の引きしぼりをし、2
〜 6段めは増減なく6目こま編み。糸端を
20cm残して切り、くさり止めをする。わた
は入れない。

㉗【足を編む】P10 1 〜 P13 39 を参考にし、1
段め9目こま編み、輪の引きしぼりをし、2
段めはすじ編みで9目編む。

㉘3 〜 4段め：増減なく9目こま編み。糸端を
20cm残して切り、くさり止め。わたを少し
入れる。

㉙【しっぽを編む】くさりのつくり目（P24）を4

目編み、立ち上がりのくさり編みは編まず、裏山に4目引き抜き編みをする。糸端を15cm残して切り、くさり止めをする。

㉚ P79を参照し、それぞれのパーツを頭や胴体にぬいつけ、最後に目をつけて完成。

P79を参照し

《仕上げ方》

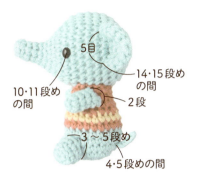

5目
14・15段め
の間
10・11段め
の間
2段
3〜5段め
4・5段めの間

縦：9.5cm　横：7.5cm

《編み図／胴体》

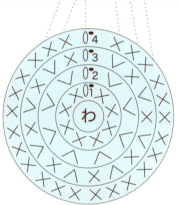

✕	✕	✕		✕	✕0•12	✕	✕	✕	✕	✕	✕	✕
✕	✕	∧		✕	✕0•11	✕	∧	✕	✕	✕	∧	
✕	✕	✕		✕	✕0•10	✕	✕	✕	✕	✕	✕	
✕	∧	✕	✕	✕	✕0•9	✕	✕	∧	✕	✕	∧	
✕✕✕✕✕✕✕✕✕0•8 ✕✕✕✕✕✕✕✕✕✕✕✕✕												
✕✕✕✕✕✕✕✕✕0•7 ✕✕✕✕✕✕✕✕✕✕✕✕✕												
✕✕✕✕✕✕✕✕✕0•6 ✕✕✕✕✕✕✕✕✕✕✕✕✕												
✕✕✕✕✕✕✕✕✕0•5 ✕✕✕✕✕✕✕✕✕✕✕✕✕												

0•4
0•3
0•2
01
わ

胴体

段数	目数
1	8
2	16
3	24
〜	〜
8	24
9	18
10	18
11	15
12	15

《編み図／足》

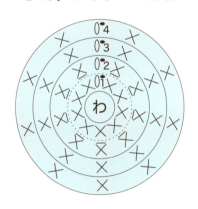

0•4
0•3
0•2
01
わ

足　2枚

段数	目数
1	9
2	9
3	9
4	9

✕ ＝こま編み
✕ ＝すじ編み
∨ ＝増目
∧ ＝減目
() ＝くさり編み
● ＝引き抜き編み

《編み図／しっぽ》

しっぽ

段数	目数
1	4

《編み図／頭》

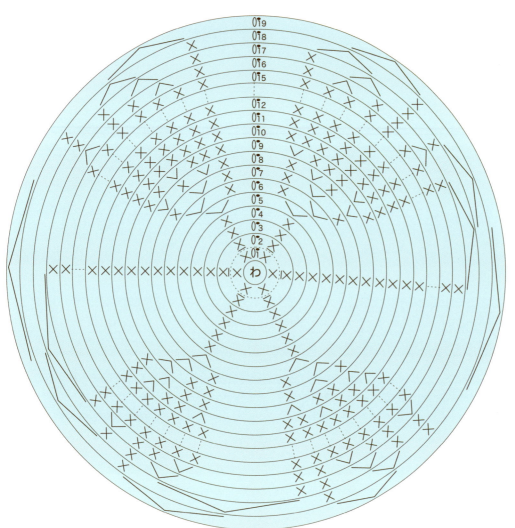

頭

段数	目数
1	6
2	6
3	6
4	6
5	8
6	10
7	14
8	20
9	25
10	28
11	32
〜	〜
15	32
16	24
17	18
18	12
19	6

《編み図／耳》

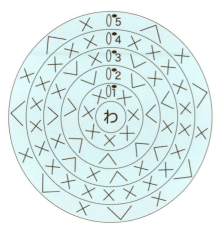

耳 2枚

段数	目数
1	7
2	14
3	21
4	21
5	14

《編み図／手》

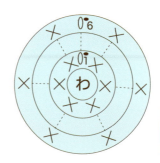

手 2枚

段数	目数
1	6
〜	〜
6	6

すべてのパーツを編む

1 つくり方①〜㉙（P76〜77）を参照し、全てのパーツを編む。

頭に胴体をぬいつける

＊ぬいはじめの処理をしているところ

2 胴体側の糸端を針に通し、ぬいはじめの処理（P32）をし、頭に胴体をぬいつけていく。

耳を頭にぬいつける

立ち上がりのライン

＊ぬいはじめの処理をしているところ

3 耳を半分に折り、糸端を針に通し、ぬいはじめの処理をする。

4 耳のつけ位置の下側から上側に向かって針を通す。

5 耳の上端の目に針を通し、頭の糸が出ている位置に針を入れ、一針うしろから針を出して糸を後方に引く。

6 折りたたんだまま耳側の目を拾いながら、頭にぬいつけていく。

手と足としっぽを胴体にぬいつける

7 パーツの糸端を針に通し、ぬいはじめの処理をし、胴体にぬいつける。

8 しっぽの糸端を胴体に針で入れ、糸始末（P25 40〜41参照）でつける。

目をつける

9 目をつけて（P18）、完成。

金運アップ 俵ねずみ

連続した長編みは1目めが変則です。
俵は上級者向けなので、
まずはねずみから挑戦してみて。

C

B

A

《 材料 》

A

ハマナカ モヘア（3）* 4g 16m ＊（ ）は色番号
ハマナカ モヘア（31） 4g 16m （俵）
ボンテン・赤 8mm
日本あみぐるみ協会 目玉パーツさしこみタイプ・楕円・黒・4.5mm 2個
ハマナカ クリーンわたわた 3g（ねずみ） 4g（米俵）
かぎ針 4/0号
接着剤
ピンセット
とじ針
目打ち

B モヘア（30） C モヘア（1）

《 つくり方 》

すべて段の編みおわりは引き抜き編み（P12 26 〜 29）、
編みはじめはくさり編み（P10 10 〜 11）で1目立ち上げる。＊米俵は変則となる。

❶【本体を編む】P10 1 〜 P13 39 と同様に、1段め6目こま編み（P11）、輪の引きしぼりをし（P11）、2段めはこま編みの増目（P12）で12目編む。

❷3段め：増減なく12目こま編み。

❸4段め：（1目こま編み、増目、1目こま編み）を繰り返し、16目編む。

❹5段め：増減なく16目こま編み。

❺6段め：5目こま編み、増目6回、5目こま編みで22目編む。

❻7段め：増減なく22目こま編み。

❼8段め：7目こま編み、（増目、1目こま編み）を2回、（1目こま編み、増目）を2回、7目こま編みで、26目編む。

❽9段め：増減なく26目こま編み。

❾10段め：7目こま編み、（増目、1目こま編み）を3回、（1目こま編み、増目）を3回、7目こま編みで、32目編む。

❿11 〜 20段め：増減なく32目こま編み。

⓫21段め：（1目こま編み、減目〈P14〉、1目こま編み）を繰り返し、24目編む。

⓬22段め：（1目こま編み、減目）を繰り返し、16目編む。

⓭糸端を20cm残して切り、くさり止め（P15）をし、わたを入れ（P16）、ぬいしぼり（P16）、糸始末（P16）をする。

⓮【耳を編む】P10 1 〜 P13 39 と同様に、1段め6目こま編み、輪の引きしぼりをし、2段めはこま編みの増目で12目編む。

⓯3段め：（1目こま編み、増目）を繰り返し、18目編む。

⓰糸端を30cm残して切り、くさり止めをする。2枚つくる。

⓱【しっぽを編む】P24 21 〜 27 を参考にし、くさりのつくり目を16目編み、立ち上がりのくさり編みを1目編み（計17目）、裏山の最初の目を飛ばし、次の目から引き抜き編みを16目編む。糸端を15cm残して切り、くさり止めをする。

⓲P83を参照し、耳、しっぽ、目、鼻をつけてねずみの完成。

⓳【米俵を編む】＊立ち上がりのくさり編みは3目になるP10 1 〜 P13 39 を参考にし、輪のつくり目に1段め16目長編み（P26）を編み、輪の引きしぼりをし、長編みの引き抜き編み（P84 8）を編む。

⓴2段め：くさり編みで3目立ち上げ（P84 9）、長編みの増目で32目編む（P84 10 〜 13）。

㉑3 〜 9段め：長編みの裏引き上げ編みの変形で32目編む（P84 14 〜 28）。

㉒10段め：長編みの裏引き上げ編みの変形の減目で16目編む（P86 29 〜 43）。

㉓11段め：長編みで16目編む（P87）。

㉔糸端を30cm残して切り、くさり止め（P15）をし、わたを入れ（P16）、ぬいしぼり（P16）、糸始末（P16）をするが、ねずみとつなぐため、糸端は米俵の中央から出しておく。

㉕米俵にねずみをぬいつけて（P87 46）完成。

《仕上げ方》

10目
9目

6・7段めの間
11段め

《編み図／本体》

本体

段数	目数
1	6
2	12
3	12
4	16
5	16
6	22
7	22
8	26
9	26
10	32
〜	〜
20	32
21	24
22	16
23	8

✕ ＝こま編み
∨ ＝増目
∧ ＝減目
0 ＝くさり編み
● ＝引き抜き編み
T ＝長編み
V ＝長編みの増目
＝長編みの裏引き上げ編みの変形
＝長編みの裏引き上げ編みの変形の減目

《編み図／耳》

《編み図／しっぽ》

しっぽ

段数	目数
1	16

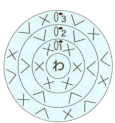

耳 2枚

段数	目数
1	6
2	12
3	18

《編み図／米俵》

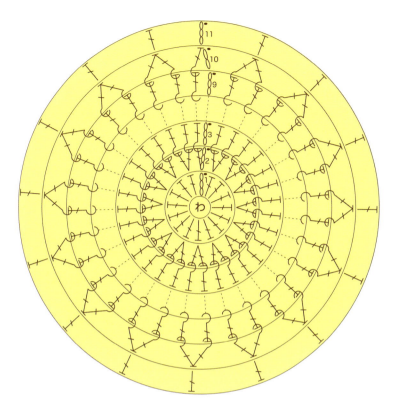

米俵

段数	目数
1	16
2	32
3	32
〜	〜
9	32
10	16
11	16

パーツを編む

本体

耳　　　　　しっぽ

1 つくり方①〜⑰（P81）を参照し、ねずみの本体・耳・しっぽを編む。

耳を本体につける

2 耳の裏側から出ている糸を針に通し、編み地の裏側に何目か通し、糸を切る。

前方数目分のみぬいつける

3 もう1本の糸に針を通し、11段めに耳の前方数目分をぬいつける。

しっぽをつける

4 しっぽの糸端を胴体に針で入れ、糸始末（P25 40〜41）でつける。

目をつける

5 6・7段めの間に接着剤で目をつける（P18）。

鼻をつける

6 鼻先に接着剤でボンテンをつけ、ねずみの完成。

米俵1段め

＊見やすくするため糸を変えています。

7 糸の輪のつくり目に立ち上がりのくさり編みを3目編み（これを1目と数える）、長編み（P26 51〜55）を15目編む（計16目）。

矢印の目の間に
引き抜き編み

＊裏山も拾うこと

8 輪を引きしぼり、矢印の目（立ちあがりのくさり編みの3目め）の間に引き抜き編みをする。

米俵2段め

連続する長編み

9 立ち上がりのくさり編みを3目編む。

10 長編みを矢印の位置（1目め）に編む。長編みの増目の完成。最初のくさり編みを1目めと数えるため、「長編みの増目」を最初の目に編むときは要注意。

＊長編みは1目めがいつも変則なので注意

11 矢印の位置（2目め）に長編みを2回編む（長編みの増目）。

12 残りの目も長編みの増目を編み、32目編む。

＊裏山も拾うこと

13 矢印の目（立ち上がりのくさり編みの3目め）の間に引き抜き編み。

14 立ち上がりのくさり編みを3目編む。

15 かぎ針に糸をかける。

16 1目めの裏側からかぎ針を入れる。

17 隣の目にもかぎ針を入れる。

18 かぎ針に糸をかけ、16、17の目を通し引き出す。

19 引き出したあと。かぎ針には3本のループがかかっている状態。

20 かぎ針に糸をかけ、2本のループを通す。

21 さらにかぎ針に糸をかけ、残り2本のループを通す。

22 長編みの裏引き上げ編みの変形が完成。

23 15〜22を繰り返し、長編みの裏引き上げ編みの変形を計32目編む。

*裏山も拾うこと

24 矢印の目（立ち上がりのくさり編みの3目め）の間に引き抜き編み。

25 3段めの完成。

米俵4〜9段め

26 立ち上がりのくさり編みを3目編む。

27 かぎ針に糸をかけ、矢印で示した2つの目にかぎ針を入れ、15〜22を参照し、長編みの裏引き上げ編みの変形を9段めまで編んでいく。

*9段めまで編んだところ

米俵10段め

*裏山も拾うこと

28 矢印の目に引き抜き編みをする。

29 立ち上がりのくさり編みを2目編む。

30 かぎ針に糸をかけ、1目めの目の裏側と隣の目の表側からかぎ針を入れる。

31 かぎ針に糸をかけ、30の目から引き出す。

32 かぎ針に糸をかけ、2本のループを通す。

*1目めは変則なので注意

33 かぎ針に糸をかけ、2本のループを通す。1目めの減目の完成。

長編みの裏引き上げ編みの変形の減目

34 かぎ針に糸をかけ、2本の目に矢印の方向からかぎ針を入れる。

35 かぎ針に糸をかけ、34の目から引き出す。

36 かぎ針に糸をかけ、2本のループを通す。

37 未完成の長編みの状態で、かぎ針を糸にかけ、さらに矢印の目にかぎ針を入れる。

38 かぎ針に糸をかけ、37の目から引き出す。

39 かぎ針に糸をかけ、2本のループを通す。

40 かぎ針に糸をかけ、3本のループを通す。

41 長編みの裏引き上げ編みの変形の減目が完成。

42 34〜41を繰り返し計16目編む。

米俵11段め

*長編みの裏引き上げ編みの変形の減目の1目めの頭目に引き抜き編み

43 矢印の目（頭目の間ではないので注意）に引き抜き編みをし、10段めの完成。

44

くさり編み3目で立ち上げ（これを1目めと数える）、かぎ針に糸をかけてから矢印の目に針を入れ、長編みで15目編む（計16目）。

*糸始末はせず、適当なところから糸端を出しておく

45 つくり方㉔（P81）を参照し、米俵の完成。

46 米俵の糸端でねずみをぬいつけ、完成。

金運＆
人を引き寄せる
招きねこ

手をあげる向きや、色で運気アップの目的が違います。
ハートはアクリルファイバーで作成。

恋愛運↑ C

金運↑ A

招客運↑ B

《材料》

A

ハマナカ ピッコロ（1）* 8g 28.8m／ハマナカ ピッコロ（8） 1g 3.6 m
ハマナカ ピッコロ（6） 150cm／ハマナカ ピッコロ（20） 30cm
ハマナカ エンペラー（3） 30cm ＊（ ）は色番号
ハマナカ アクレーヌ（116） 0.1g・（112） 0.05g（背中模様）
フェルト（赤）
（目）ハマナカ クリスタルアイ・イエロー・9mm 2個
（鼻）日本あみぐるみ協会 鼻パーツさしこみタイプ・茶・6mm 1個
ハマナカ クリーンわたわた 5g／かぎ針 4/0 号
接着剤／ピンセット／とじ針／目打ち
ハマナカ フェルティング用ニードルホルダー（背中模様）

B ピッコロ（20）（8）（6）（1）、エンペラー（3） C ピッコロ（40）（6）（20）、フェルト（クリーム色）、アクレーヌ（104）2g（手持ちのハート）＊ B C とも背中模様はつけない

《つくり方》

すべて段の編みおわりは引き抜き編み（P12 26 ～ 29）、
編みはじめはくさり編み（P10 10 ～ 11）で1目立ち上げる。

❶【本体を編む】＊かえるの胴体（P60）と同様の要領で編む。
P24 21 ～ 26 を参考にし、くさりのつくり目を5目編み、さらに立ち上がりのくさり編みを1目編む（計6目）。

❷ 1段め：最初の裏山を飛ばし、裏山2目めにこま編みの増目（P12）、裏山3目め以降はこま編みを3目編む。最後の裏山には同じ目にこま編みを3目編むが、最後の3目めを編む際、編み地の天地を逆にして（P60 17）こま編み。さらに4目こま編みする（12目）。

❸ 2段め：1目こま編み、増目、3目こま編み、増目、1目こま編み、増目、3目こま編み、増目で、16目編む。

❹ 3段め：増目、1目こま編み、増目、3目こま編み、増目、1目こま編み、増目、1目こま編み、増目、3目こま編み、増目、1目こま編みで、22目編む。

❺ 4段め：増減なく、22目こま編み。

❻ 5段め：2目こま編み、増目、1目こま編み、増目、3目こま編み、増目、1目こま編み、増目、2目こま編み、増目、1目こま編み、増目、3目こま編み、増目、1目こま編み、増目で、30目編む。

❼ 6 ～ 9段め：増減なく、30目こま編み。

❽ 10段め：（2目こま編み、増目、2目こま編み）を繰り返し、36目編む。

❾ 11 ～ 12段め：増減なく、36目こま編み。

❿ 13段め：（5目こま編み、増目）を繰り返し、42目編む。

⓫ 14 ～ 17段め：増減なく、42目こま編み。

⓬ 18段め：（5目こま編み、減目〈P14〉）を繰り返し、36目編む。

⓭ 19段め：（2目こま編み、減目、2目こま編み）を繰り返し、30目編む。

⓮ 20段め：（3目こま編み、減目）を繰り返し、24目編む。

⓯ 21段め：（1目こま編み、減目、1目こま編み）を繰り返し、18目編む。

⓰ 22段め：（1目こま編み、減目）を繰り返し、12目編む。

⓱ 23段め：すべて減目で、6目編む。

⓲ 糸端を20cm残して切り、くさり止め（P15）をし、わたを入れ（P16）、ぬいしぼり（P16）、糸始末（P16）をする。

⓳【耳を編む】P10 1 ～ P13 39 を参考にし、1段め4目こま編み、輪の引きしぼりをし、2段めは（1目こま編み、増目）を繰り返し6目編む。

⓴ 3段め：（1目こま編み、増目）を繰り返し、9目編む。糸端を20cm残し、くさり止めをする。わたは入れない。2枚つくる。

㉑【右手を編む】P10 1 ～ P13 39 を参考にし、1段め8目こま編み、輪の引きしぼりをし、2段めは（1目こま編み、増目）を繰り返し12目編む。

㉒ 3段め：増減なく、12目こま編み。

㉓ 4段め：2目こま編み、減目4回、2目こま編みで8目編む。

㉔ 5 ～ 8段め：増目、1目こま編み、減目2回、1目こま編み、増目で、8目編む。糸端を30cm残して切り、くさり止めをし、わたを入れる。

㉕【左手を編む】P10 1 ～ P13 39 を参考にし、1段め8目こま編み、輪の引きしぼりをし、2 ～ 5段めは増減なく、8目こま編み。

㉖ 糸端を20cm残して切り、くさり止めをする。わたは入れない。

㉗【小判を編む】P10 1 ～ P13 39 を参考にし、

1段め8目こま編み、輪の引きしぼりをし、2
　段めは（1目こま編み、増目）を繰り返し、12
　目編む。

㉘ 3〜7段め：増減なく、12目こま編み。

㉙ 8段め：（1目こま編み、減目）を繰り返し、8
　目編む。糸端を20cm残して切り、くさり止
　めをし、ぬいしぼる。わたは入れない。

㉚ 金色の糸（1本どり）で、小判にストレートス
　テッチで刺しゅうをする。

㉛ P92を参照し、首輪やそれぞれのパーツを頭や
　胴体にぬいつける。目、鼻、背中の模様をつけ、
　耳にフェルトを貼り、ひげを刺しゅうし完成。

《仕上げ方》

縦：8cm　横：6cm

《編み図／本体》

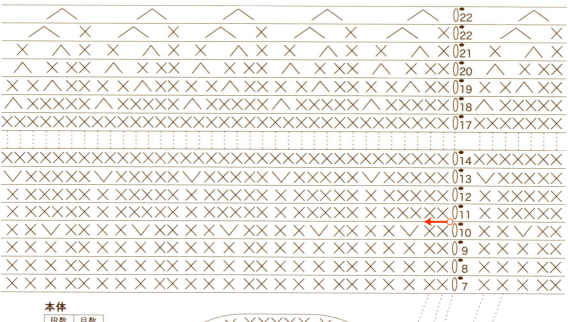

本体

段数	目数
1	12
2	16
3	22
4	22
5	30
〜	〜
9	30
10	36
11	36
12	36
13	42
〜	〜
17	42
18	36
19	30
20	24
21	18
22	12
23	6

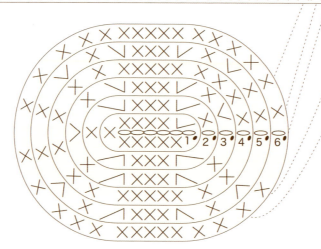

✕ ＝こま編み
Ｖ ＝増目
∧ ＝減目
０ ＝くさり編み
● ＝引き抜き編み

《編み図／右手》

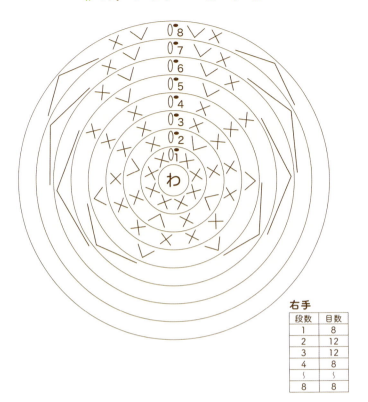

右手

段数	目数
1	8
2	12
3	12
4	8
〜	〜
8	8

《編み図／左手》

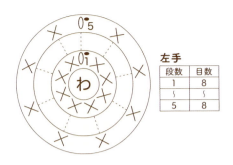

左手

段数	目数
1	8
〜	〜
5	8

《編み図／耳》

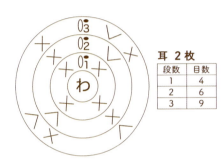

耳 2枚

段数	目数
1	4
2	6
3	9

《編み図／小判》

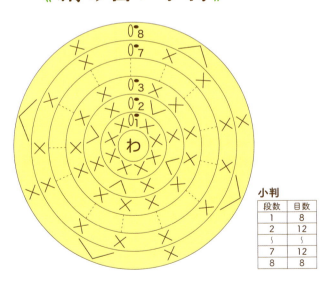

小判

段数	目数
1	8
2	12
〜	〜
7	12
8	8

《ハートのモチーフ》

型紙の上にアクレーヌを置き、
形を合わせて刺し固め、8mm厚にする。

《耳の型紙》

縦：10mm　横：7mm　2枚

《編み図／首輪》

首輪

段数	目数
1	36

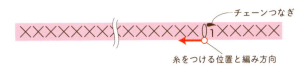

チェーンつなぎ

糸をつける位置と編み方向

すべてのパーツを編む

耳
右手
左手
本体
小判
金色の糸でストレートステッチ

1 つくり方①〜㉚（P89〜90）を参照し、パーツを編む。

本体に首輪を編みつける

2 本体の10段めと11段めの間の立ち上がり部分にかぎ針を入れて糸をつけ、P26 43〜48の要領でこま編みを1周編む（計36目）。糸端を15cm残して切る。

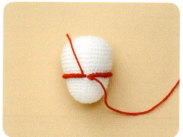

3 短い方の糸端に針を通し、本体に引き込んでから切る。

4 編みおわりの糸端はチェーンつなぎ（P31）で始末する。

5 首輪の完成。

耳を頭につける

6 ぬいはじめの処理（P32 20）をしてから、耳を頭にぬいつける。

小判、両手をつける

頬に1針ぬい止める

*それぞれぬいはじめの処理をしてからぬいつける

7 それぞれのパーツを本体にぬいつける。

表情をつける

ストレートステッチ（1本どり）

8 目（P70）と鼻をつけ（P18）、黒の糸でひげを刺しゅうする。

耳にフェルトを貼り、背中に模様をつける

9 型紙に合わせて赤のフェルトを切り、接着剤でつける。

*針=フェルティング用ニードル

10 適量のオレンジのアクリルファイバーを本体に置き、針で刺しながら形を整える。その上に黒のアクリルファイバーを置き、針で刺して形を整え完成。

*バランスを見ながらアクリルファイバーをつける

ラッキー
アイテム
こけし

大人気のこけし。
刺しゅうが上手にできれば
完成度もアップ。
細めの糸に
挑戦してみましょう。

《材料》

オリムパス エミーグランデ カラーズ（734）*　4.6g　20m（Ⓐ～Ⓔ）
*（　）は色番号
オリムパス エミーグランデ カラーズ（188）　0.8g　3.5m（Ⓐ）
（Ⓑ～Ⓔ50cm）
オリムパス エミーグランデ カラーズ（264）　0.4g　1.5m（Ⓐ～Ⓔ）
オリムパス エミーグランデ カラーズ（901）　0.23g　1m（Ⓐ～Ⓔ）
日本あみぐるみ協会　目玉パーツさしこみタイプ・黒・4mm　2個
ハマナカ クリーンわたわた　2.5g（頭）　0.5g（胴体）
かぎ針　2/0号／接着剤／ピンセット
とじ針／目打ち

Ⓑエミーグランデカラーズ（155）Ⓒエミーグランデカラーズ（371）Ⓓエミーグランデカラーズ（555）Ⓔエミーグランデカラーズ（675）

《つくり方》

すべて段の編みおわりは引き抜き編み（P12 26～29）、
編みはじめはくさり編み（P10 10～11）で1目立ち上げる。

①【頭を編む】P10 1～P13 39と同様に、1段め6目こま編み（P11）、輪の引きしぼりをし（P11）、2段めは増目（P12）で12目編む。

②3段め：（1目こま編み、増目）を繰り返し、18目編む。

③4段め：（1目こま編み、増目、1目こま編み）を繰り返し、24目編む。

④5段め：（3目こま編み、増目）を繰り返し、30目編む。

⑤6段め：（2目こま編み、増目、2目こま編み）を繰り返し、36目編む。

⑥7～12段め：増減なく、36目こま編み。

⑦13段め：（2目こま編み、減目〈P14〉、2目こま編み）を繰り返し、30目編む。

⑧14段め：（1目こま編み、減目、1目こま編み、減目、1目こま編み、減目、1目こま編み）を繰り返し、21目編む。

⑨15段め：（1目こま編み、減目）を繰り返し、14目編む。

⑩16段め：すべて減目で7目編む。

⑪くさり止め（P15）をし、わたを入れ（P16）、ぬいしぼり（P16）、糸始末（P16）をする。

⑫【胴体を編む】P10 1～P13 39を参考にし、1段め7目こま編み、輪の引きしぼりをし、2段めは増目を繰り返し、14目編む。

⑬3段め：（1目こま編み、増目）を繰り返し、21目編む。

⑭4段め：すじ編み（P22）で21目編む。

⑮5～18段め：増減なく、21目こま編み。ただし、5段め、17段めは赤色の糸、7段め、15段めは緑色の糸に色替え（P46）する。

⑯糸端を20cm残して切り、くさり止めをし、わたを入れる。

⑯頭に胴体をぬいつけ（P95 2）糸始末する。

⑯目をつけ、刺しゅうし、完成（P95 3）。

《仕上げ方》

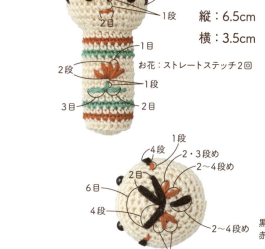

14目
9・10段めの間
6目
6段め
7～10段め
1段
2目
1目
2段
2段
2段
3目
縦：6.5cm
横：3.5cm
お花：ストレートステッチ2回
1段
1段
4段
2・3段め
2～4段め
2段
6目
4段
2～4段め
2目
黒色：ストレートステッチ3回
赤色：ストレートステッチ2回

《編み図／胴体》

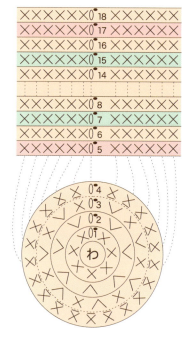

胴体

段数	目数
1	7
2	14
3	21
4	21
5	21
〜	〜
18	21

《編み図／頭》

- ╳ ＝こま編み
- ╳ ＝すじ編み
- Ｖ ＝増目
- Λ ＝減目
- ０ ＝くさり編み
- ● ＝引き抜き編み

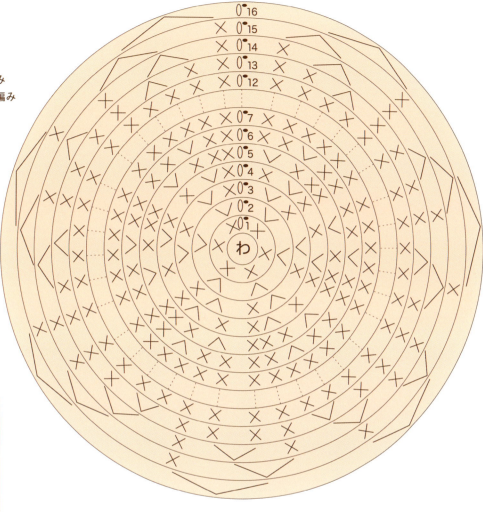

頭

段数	目数
1	6
2	12
3	18
4	24
5	30
6	36
〜	〜
12	36
13	30
14	21
15	14
16	7

すべての パーツを編む

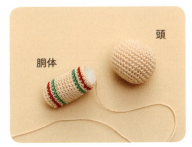

1 つくり方①〜⑯（P94）を参照し、頭と胴体を編む。

頭に胴体を ぬいつける

＊頭の14段めと15段めの間にぬいつける

2 胴体の糸端はぬいはじめの処理（P32）をし、頭にぬいつける。

刺しゅうをする

3 仕上げ方（P94）を参照し、目をつけ（P18）、ストレートステッチで刺しゅうをし、完成。

素材提供

＊本誌掲載の材料については下記にお問い合わせください（キット〈材料のセット〉としての販売はしておりません）。

◆ハマナカ株式会社
〒616-8585 京都市右京区花園薮ノ下町2番地の3
Tel.075-463-5151（代）URL http://www.hamanaka.co.jp
ハマナカ商店（オンラインショップ）　http://amuuse-hamanaka.com/　Tel.0120-914-934

◆オリムパス製絲株式会社
〒461-0018　愛知県名古屋市東区主税町4-92
Tel.052-931-6679　URL http://www.olympus-thread.com
公式オンラインショップ　http://olympus-thread-shop.jp/

◆日本あみぐるみ協会
〒155-0031 東京都世田谷区北沢2-39-6
URL http://amigurumi.jp（各作品の材料詳細
はこちらも参照ください）
オンラインショップ　http://shop.amigurumi.jp

ブックデザイン・レイアウト.....長谷川有香（ムシカゴグラフィクス）
校正.................................せばたやすこ・戎谷真知子
写真.................................伊藤泰寛（講談社写真部）

一番わかりやすい あみぐるみの教科書
かわいくて運がよくなるモチーフがいっぱい

2018年3月15日　第1刷発行
2024年1月29日　第5刷発行

著　者　いちかわみゆき
発行者　清田則子
発行所　株式会社　講談社
　　　　〒112-8001　東京都文京区音羽2-12-21
　　　　販売　TEL03-5395-3606
　　　　業務　TEL03-5395-3615
編　集　株式会社　講談社エディトリアル
代　表　堺　公江
　　　　〒112-0013　東京都文京区音羽1-17-18　護国寺SIAビル6F
　　　　編集部　TEL03-5319-2171
印刷所　TOPPAN株式会社
製本所　大口製本印刷株式会社